Caja de secretos

Carmen Vázquez-Vigo

Premio Lazarillo 1973
Premio Nacional de Literatura Infantil y Juvenil 1992

sm Joaquín Turina, 39 28044 Madrid

Primera edición: febrero 1989
Duodécima edición: enero 2001

Dirección editorial: María Jesús Gil Iglesias
Colección dirigida por Marinella Terzi
Imagen de cubierta: Carmen Lucini

© Carmen Vázquez-Vigo, 1989
© Ediciones SM
Joaquín Turina, 39 - 28044 Madrid

Comercializa: CESMA, SA - Aguacate, 43 - 28044 Madrid

ISBN: 84-348-2624-0
Depósito legal: M-60-2001
Preimpresión: Grafilia, SL
Impreso en España/*Printed in Spain*
Imprenta SM - Joaquín Turina, 39 - 28044 Madrid

1 El papelito

No era un colegio guapo. Levantaba sus tres plantas, trazadas sin la menor aspiración artística, en un barrio al que llegué después de catorce estaciones de metro y que tampoco podía presumir de nada.

El campo de deportes justificaba su nombre con unos tableros de baloncesto que enarbolaban canastas deshilachadas y, aunque de un modo eventual e involuntario, con una serie de hoyos convertidos por la lluvia en medio de entrenamiento para aspirantes a ganar carreras de obstáculos. Como no era mi caso, los esquivé chapuceramente y me puse perdidos los zapatos.

Yo iba para charlar, de libros y de lo que fuera, con muchachos de unos doce años. Me lo había dicho Matilde, su profesora, cuando me llamó para invitarme.

Allí estaba, esperándome en la puerta a la hora convenida. Juntas avanzamos por un corredor mientras sonaba un timbre ronco señalando el final del recreo.

Tropezamos con un grupo de pequeños que venían del patio oliendo a tiza, a sol, a frío, al chocolate que acababan de comer. Tropezamos de verdad porque, firmes en su sitio, formaban una barrera animada por risitas y empujones.

El más lanzado, dueño de unas rodillas llenas de costras que delataban su afición al peligro, me preguntó:

—¿Eres la escritora?

Me limité a sonreír de esa manera ambigua que uso en situaciones semejantes y que lógicamente hará deducir a los chicos: «Es tonta».

Nunca sé qué contestar a esa pregunta. Según el diccionario que tengo a mano, escritor es, en su primera acepción, «persona que escribe». Y personas que escriben, bien, regular o mal; por pasar el rato o ganarse el sustento; por estar convencidas de que su vida es una novela o porque en la familia hubo alguien que publicó una *Carta al Director* en el periódico local, hay millones. Resulta de lo más vago.

Tal vez de esa vaguedad se derive el hecho de que muchos consideran que escribir no es un trabajo como otro cualquiera. Opinión que comparte un amigo que hizo sus pinitos literarios en su juventud y ahora es industrial.

—Poner «escritor» en el pasaporte, como profesión, no es serio —decía, no recuerdo a cuento de qué, durante la cena que ofreció por su cumpleaños. Y sin dar razones, sin duda porque las consideraba obvias.

Nadie lo contradijo. Unos porque no se sentían aludidos y dedicaban toda su atención a partir patas de centolla, tarea que requiere astucia, habilidad y potencia. Y yo, que al menos por espíritu de cuerpo debería haber objetado algo —aunque quede claro que me considero una célula totalmente prescindible de ese cuerpo—, tampoco. En parte, porque las definiciones no me preocupan; pero, sobre todo, porque una tarta de frambuesa me tentaba desde el carro cargado de dulces y no quería retrasar con una discusión el momento de que retiraran los platos rebosantes de caparazones con olor a marea. Ante un buen postre soy capaz hasta de olvidar las miserias humanas, incluido el amor propio.

También es cierto que tengo mala conciencia porque muchos autores, especialmente los más grandes, sostienen que no puede llamarse escritor quien, apenas levantarse cada mañana, no se sienta a trabajar.

Yo, lo confieso con humildad y remordimiento, uso las mañanas para muchas otras cosas: salir de paseo con el perro si el tiempo es bueno; si es malo, escuchar música mientras preparo un bizcocho de nueces que mi familia, a riesgo de atizar mi vanidad hasta límites satánicos, califica de sublime. No lo es tanto, pero así consiguen que lo haga más a menudo.

Si a esto añado que voy dos veces por semana a clase de yoga, a modo de antídoto contra el reuma y el mal genio, y una a la compra, no, no puedo llamarme escritora.

Pero el diccionario tiene otra acepción para este

vocablo: «autor de obras escritas e impresas». Y el caso es que anda por ahí una veintena larga de libros con mi nombre —impresos, naturalmente— escritos a ratos y obedeciendo a una inexplicable necesidad, no porque suponga que nadie va a beneficiarse con el resultado.

En ese momento reúno temas, frases, palabras sueltas que sólo yo sé lo que pretenden decir y que he ido anotando bajo la factura del fontanero —tengo muchas; las tuberías de mi casa son aficionadas a reventarse—, en el borde de una página de periódico junto a la noticia del último desastre, detrás del tarjetón suntuoso donde me invitaban a un acto al que no fui, y el bolígrafo corre que da gusto.

Comprendo que suene poco serio. Y más todavía debe parecerlo mi creencia de que las historias están desde siempre en todas partes y nos utilizan como el aire a la caña para que suene una canción. Por qué eligen a una u otra persona y con tan diversos resultados, misterio. Lo único claro es que nadie debe envanecerse pensando que la canción es suya.

Sin embargo, cuando los muchachos me preguntan «¿Eres la escritora?», no puedo contestarles «Soy una caña». Me considerarían, además de tonta, chalada. Por eso, mejor callarse.

Aquel día, después de traspasar la barrera de los pequeños, seguí a Matilde por un largo pasillo hasta llegar a su clase. Los alumnos me esperaban en un silencio que no engañó a nadie. Todos sabíamos que no duraría mucho. Sólo el tiempo de mirarnos de frente, de cambiar unas palabras, de reírnos juntos por primera vez. Fue en seguida. Ellos y yo tenemos la risa fácil.

Durante un buen rato inventamos cuentos y buscamos finales a algunos famosos. Alguien propuso *La princesa y el guisante*. El motivo del interés residía en la peculiar relación que Andersen establece entre la autenticidad de una princesa y su capacidad para detectar un objeto minúsculo colocado bajo una montaña de colchones. Y de levantarse dolorida, por si hubiera alguna duda.

De ahí salieron comentarios jugosos, reflexiones irónicas, acertadas deducciones.

Luego jugamos a imaginar qué le hubiera podido pasar al guisante utilizado para la prueba si no lo hubieran guardado junto a las joyas de la corona, como dice el cuento.

—Se lo comió una gallina —dijo un chico muy serio.

Y otro, divertido:

—Me lo comí yo.

—No —dijo una niña pálida—. Se fue a dar la vuelta al mundo.

—¿Cómo va a dar la vuelta al mundo un guisante? —preguntó el primero, sin duda partidario de «las cosas claras» y «al pan, pan, y al vino, vino».

Ella contestó con naturalidad:

—Rodando.

También hablamos de libros preferidos. Un muchacho de orejas considerables citó Las «titulaciones» de un chino en China con tanto entusiasmo que hasta el propio Verne le hubiera perdonado el tropiezo lingüístico. Y una compañera, reposada y firme, declaró haber leído cinco veces Mujercitas, lo que provocó una desconsiderada risa en el sector masculino.

Le pregunté, sinceramente intrigada, por qué le gustaba hasta ese punto.

Mientras ella reflexionaba, el chico de las orejas vociferó:

—¡Porque es de amores!

Más risas y el comentario desdeñoso de la admiradora de Luisa M. Alcott:

—¡Eduardo tenía que ser!

Mi pregunta había sido poco perspicaz. El amor, a diferencia de zapatillas o músicas, de peinados o bebidas gaseosas, no pasa de moda.

Finalmente, la habitual firma de ejemplares. Los muchachos me rodearon ocultando la luz y generando un calor de trópico a mediodía.

Pude haberme asfixiado rápida y plácidamente si Matilde, dándose cuenta de que un cadáver en medio de la clase siempre es un engorro, no les hubiera pedido que se pusieran en fila.

Escribí nombres y palabras de verdadero agradecimiento a quienes, entre un partido de baloncesto y una caza de marcianos, todavía encuentran tiempo para leer.

Al rato empecé a notar en la mano derecha ese calambre que muy bien pudiéramos llamar profesional, como el de los concertistas de piano o los jugadores de tenis, y levanté la vista para calcular cuántas firmas faltaban.

Entonces observé que Matilde hablaba a una alumna que aún guardaba cola y antes me había llamado la atención por su manera de escuchar, tan concentrada y sin parpadear apenas.

Continué escribiendo, pero interesada en lo que oía. Era más o menos así:

MATILDE.—¿Por qué quieres que te firme ese papelito?

ALUMNA.—*(Silencio).*

MATILDE.—El papel lo vas a perder; en cambio, el libro con la firma de la autora lo puedes conservar siempre.

ALUMNA.—*(Silencio).*

MATILDE.—Y cuando seas mayor te gustará tenerlo de recuerdo.

La chica tampoco contestó esta vez. Ya estaba junto a mí tendiéndome un papel cuadriculado poco mayor que un billete de autobús.

En su cara, los protagonistas absolutos eran unos ojos muy grandes, claros, algo severos. Pero también me fijé en su cuello largo y frágil, descubierto por el cabello corto, que le daba el aire de un pájaro joven.

Matilde me explicó:

—Tiene aquí el libro, pero está empeñada en que le firmes ese papel.

Terminó alzando los hombros en un gesto de incomprensión que yo compartía. Fijé mis ojos, que parpadean demasiado, en los de la chica, que permanecían imperturbables, y le pregunté:

—¿Por qué?

En seguida me arrepentí. Nadie tiene derecho a hurgar en los porqués ajenos. Y mucho menos, obligando. Matilde y yo lo hacíamos al seguir en espera de una respuesta.

La chica respiraba de prisa. Al cabo de unos segundos, en voz baja, atropellándose, con evidente esfuerzo, dijo:

—Porque el libro no cabe en mi caja de secretos.

Mi confusión fue tan grande como la suya, pero por distinto motivo. Además de avergonzada, estaba conmovida. Intenté disimularlo con una tosecita inútil. Luego le pregunté su nombre y, a pesar del calambre, traté de hacer buena letra, coincidiendo con las rayas azules de la cuadrícula: «Gracias, Isabel, por llevarme contigo».

EN JUNIO —tarde, como siempre— empecé a pensar adónde iría de vacaciones. Y —como siempre también— me puse a repasar docenas de folletos turísticos que complican la elección en lugar de facilitarla. Según ellos, cada lugar es más atractivo que el anterior, lo cual, sin ánimo de ofender a nadie, no puede ser cierto.

En vista de que no conseguía decidirme, acepté

el consejo de una amiga que me habló de Torrenueva, un lugar situado entre dos poblaciones importantes pero lo bastante alejado de ambas para no padecer su barullo.

Y añadió:

—Tiene una cala donde no va casi nadie, un bosquecito de pinos sobre el mar y la puesta de sol más maravillosa que puedas imaginarte.

—¿Más que las de Bali? —pregunté, aún influida por el folleto «Islas de ensueño».

—Más —contestó ella, definitiva. Se hubiera creído que acababa de regresar de Indonesia, cuando lo cierto es que su viaje más exótico tuvo como destino Andorra.

Llegué a Torrenueva a finales de julio, a primera hora de la tarde. Después de echar un vistazo al apartamento y de abrir las maletas, salí para comprobar si sus bellezas eran ciertas. Al menos, las de la cala y el bosque. La otra tendría que dejarla para más tarde. El crepúsculo no iba a cambiar de hábitos horarios por mucha que fuera mi impaciencia.

Más allá de las antiguas casas de pescadores descubrí la colina que me llevaría a los pinos. Desde ahí arriba se dominaba el mar regodeándose en su incesante vaivén. Por algo es dueño del mayor columpio que existe.

Me senté con la espalda apoyada en un tronco, sabiendo, y sin que me importara un comino, que dejaría en mi blusa un rastro indeleble de resina.

Eché a un lado la cesta donde había metido un

par de bocadillos y una caja de dátiles y, sin sacar el libro que también llevaba, me quedé mirando al barco que se deslizaba como por un carril tendido en el horizonte.

No tenía nada de particular: un barco con su columnita de humo, igual a los que dibujan los niños; pero me servía para estar así, sin hacer nada, ni leer siquiera, dejando pasar el tiempo sin remordimientos.

No sé cuánto rato después oí a mis espaldas unos pasos que hacían crujir la alfombra de agujas de pino secas. Aunque no soy especialmente miedosa, recordé que estaba lejos del pueblo y que no me había cruzado con nadie desde que empecé a subir la colina.

El ruido se acercaba. Procuré aparentar calma y giré un poco la cabeza. Para que el movimiento no pareciera de inspección, sacudí un imaginario insecto de mi hombro izquierdo. Entonces, de reojo, la vi.

De nuevo miré hacia el mar. No había razón para preocuparse. Sin embargo, no pude recuperar el placentero vacío mental que disfrutaba momentos antes. Ahí dentro, cargante, un moscardón zumbaba: «La conoces».

La había mirado un segundo. Menos, tal vez. Llegado el caso, no hubiera sido capaz de describirla. Y, a pesar de eso, el moscardón seguía: «La conoces. La has visto en otro lugar».

Las pisadas dejaron de oírse. Tenía unas ganas tremendas de darme la vuelta y mirar bien a la recién llegada para salir de dudas, pero no me atreví.

A veces somos absurdamente tímidos. Y hasta lo consideramos una virtud que permite ser discretos, no molestar a los demás, no ponerse en evidencia. Yo pensaba así hasta que un amigo actor, charlando sobre el «trac» —término que sólo existe, con el significado de miedo al público, en francés—, opinó que ese miedo, confundido con la timidez, es una de las peores formas de la vanidad.

Lo que tememos, en realidad, es no ser aplaudidos o aceptados; que nos rechacen o critiquen.

Lo recordé en aquel momento cuando me dije: «Bueno, vale. ¿Y qué pasa si le hablo y resulta que no es la que yo pienso?».

Antes de que me contestara «Tú puedes meter la pata como cualquiera y no pasa nada», algo duro me golpeó en la cabeza haciéndome soltar un gritito ridículo.

Era una piña que, después de rebotar en el suelo, se detuvo en mi falda, quieta y modosa como si nunca hubiera roto un cráneo.

Una voz preguntó:

—¿Te has hecho daño?

Yo me frotaba el punto que, ciertamente, no estaba roto, pero donde no tardaría en aparecer un chichón tan cómico como los que pintan en los tebeos.

—No —mentí.

Ella recogió el cuerpo del delito y declaró después de observarlo:

—Tiene piñones.

—Aunque tuviera monedas de oro —contesté rencorosa, olvidando mi inicial propósito de encajar el accidente con una elegante displicencia.

La chica se guardó la piña en una mochila que llevaba colgada de un hombro. Tenía el pelo corto y el cuello delgado, la expresión obstinada y unos ojos claros que se apoderaban de su cara haciendo olvidar el resto. Iba vestida con una camisa de cuadros, pantalón vaquero y zapatillas blancas de cordones.

Claro que la había visto antes. Hice un esfuerzo intentando recordar dónde y algo especial que iba unido a su imagen, lo que la ligaba de un modo concreto a mi memoria.

Ya estaba: un olor a tiza y chocolate; el ronquido de un timbre que necesita un arreglito; unas palabras que dieron muchas vueltas en mi cabeza: «Caja de secretos».

Lo demás siguió sin dificultad: el libro que no cabe en ella, la dedicatoria escrita en un papel cuadriculado a...

El nombre se me escapaba. Lo que pasa, cuando una ha almacenado demasiados.

—Bueno, Carmen, me voy —dijo.

No me había equivocado. Nos conocíamos. Pero no tenía gracia que ella se acordara de mi nombre y yo no del suyo. Yo había ido sola a su clase. Ella estaba entre treinta o más.

Afortunadamente me dio facilidades.

—Soy Isabel. Fuiste a mi colegio en febrero.

16

Eché una mirada codiciosa a su mochila. ¿Llevaría allí la caja? Era muy posible. Yo también, a su edad, tuve una que me acompañaba a todas partes. Contenía objetos que me recordaban personas, lugares, situaciones que, por una u otra razón, habían sido importantes para mí. Se trataba de algo personal, muy íntimo, que no podía ni quería compartir con nadie.

Por mucho que hubiera llegado a la conclusión de que la timidez nos aparta de la gente, nos impide ser amigos y debe combatirse como al escarabajo de la patata, no debía pedirle que compartiera conmigo sus secretos. Lo único que podía hacer era confiar en mi habilidad —no, qué presunción—, mejor dicho, en mi suerte, para llegar a descubrirlos.

Lo primero, impedir que se marchara en seguida. Ella había cogido una piña desportillada y sucia que debía de llevar siglos en el suelo y la examinaba atentamente.

—¿También tiene piñones? —pregunté.

—Qué va.

La tiró por la pendiente y la oímos dar tumbos contra las piedras durante unos segundos.

—¿Charlamos un rato? —propuse.

—¿De qué?

Me quedé cortada. Casi siempre hablamos porque sí, dejando salir las palabras según vienen, sin propósito determinado, a menos que se trate de una conferencia. Y a veces también en las conferencias.

—No sé... —balbucí, sintiéndome bastante hipócrita—. ¿Tú veraneas en Torrenueva?

—Sí. Es el pueblo de mis abuelos.

—¿Y tus padres también vienen?

Lo preguntaba más por continuar la conversación que por verdadero interés.

Ella se cambió la mochila de hombro, como si de repente hubiera aumentado de peso.

—Antes, sí. Ahora están separados.

Un pájaro bajó de un pino a picotear quién sabe qué bocado sabroso. Podía ser un pinzón o un reyezuelo. Les gustan esos árboles. Isabel lo espantó involuntariamente al dar unos pasos hacia él, pensando en otra cosa.

Se llevó el índice de la mano derecha a la boca y mordisqueó un pellejito.

—Mi padre se fue a vivir a Alemania —explicó después, mirándose el dedo—. Y mi madre tiene mucho trabajo. No puede tomarse vacaciones. Pero es igual —dijo en tono de desafío—. Me lo paso muy bien sola.

—Claro —contesté, no muy convencida—. Ya eres mayor.

—Además, mis abuelos son majísimos. En la casa también vive mi tío Gabriel, Pilar, su mujer, y Lito, su niño. De Gabrielito, ¿sabes?

—Sí.

—¡Es más trasto...!

Lo dijo con una sonrisa. La primera que le veía. Una sonrisa que se quedó remansada en sus ojos cuando los labios ya la habían olvidado.

Rompí el silencio que siguió a la evocación de Lito preguntando si le gustaba el mar. Ella contestó con una pasión de la que no parecía capaz.

—Más que nada —y pensó un poco antes de agregar—: También me gusta mucho leer. Vengo a leer aquí todos los días.

—En eso nos parecemos.

Reflexionó con los ojos bajos, y sus pestañas proyectaron dos sombras gemelas sobre sus pómulos.

Decidida, dejó la mochila en el suelo y se sentó frente a mí, no demasiado cerca.

El sol estaba alto y se colaba entre los pinos, impertinente y fisgón.

Saqué los bocadillos de la cesta y ofrecí uno a Isabel.

Ella levantó una tapa de pan para enterarse de lo que tenía dentro.

—Es lechuga, tomate y huevo duro —me apresuré a informar, temiendo que mis aficiones vegetarianas le resultaran absurdas.

—Está bien —me tranquilizó—. Lo que no trago es el chorizo.

—Yo tampoco.

Satisfechas de descubrirnos más afinidades, masticamos despacio, sin hablar. De vez en cuando caía de los pinos una horquilla formada por dos agujas que se nos quedaba prendida en el pelo o golpeaba el suelo con sonido de castañuela diminuta.

Al terminar los bocadillos, dije:

—También tengo dátiles.

—Deja. Yo traigo una naranja.

O no era muy grande o se divertía escondiéndose en los rincones de la mochila, porque Isabel no la encontraba ni palpando dentro de ella con las dos manos.

Impaciente, volcó todo su contenido en el espacio que quedaba entre las dos. Lo miré con la misma avidez con que un pirata apreciaría el tesoro recién arrebatado a un rival.

Vi un jersey granate hecho una bola, un libro cuyo título no pude leer porque estaba boca abajo, un bolígrafo barato, unas cuantas piedras lisas de las que se encuentran en la playa, una caja de metal y, por último, la naranja. En efecto, no era muy grande. Más o menos, como una mandarina bien criada.

Yo no podía apartar los ojos de la caja, comparando mentalmente sus dimensiones con las de mi libro. No, no hubiera cabido en ella, según dijo entonces Isabel, aunque tampoco era muy pequeña. Un palmo de largo por otro, casi, de profundidad.

En la tapa aparecían, pintados, los bustos de una pareja de ancianos sonrientes. Ella, con gafas y pañuelo en la cabeza. Él, calvo y aferrado a una caja similar, a escala reducida, de la que desbordaban pequeños envoltorios multicolores. Al pie, un rótulo: «Sucesores de Antón Pérez. Marca Registrada».

—Bonita —dije, señalándola con un gesto aparentemente desinteresado.

—Me la regalaron mis abuelos hace siglos.

Me hizo sonreír esa idea del tiempo, cuando se

tienen pocos años. Siglos los días que faltan para las vacaciones. Y luego, las vacaciones apenas duran nada. Tenía razón el famoso don Alberto: todo es relativo.

—Estaba llena de polvorones —dijo Isabel, con la naranjita en las manos—. No me llaman la atención. Saben bien, pero se quedan pegados en la boca y cuesta mucho tragarlos.

Ya eran dos las cosas que no podía tragar. Y pronto yo sería la tercera porque otra vez, aun sintiéndome culpable, iba a forzarla a hacer algo que no quería.

—¿Y ahora? —pregunté.

—Siguen sin gustarme.

—No, me refiero a la caja. ¿Para qué la usas?

Dudó, apretando los labios. En seguida, resuelta a no aceptar el tema, empezó a guardarlo todo en la mochila. Un momento después ya no estaría allí. No quedaba más remedio que ir directa al asunto.

—¿Es ahí donde tienes el papel que te firmé?

Me miró a su manera, seria, sin parpadear. Más que molesta, parecía asombrada de que una persona mayor fuera tan curiosa.

Azarada, tartamudeé:

—No... Si no quieres... no me lo digas. Era sólo por...

No terminé la frase, que, por otra parte, no sabía cómo terminar. Ella, con un suspiro de resignación o fastidio, levantó la tapa de la caja. Al girar sobre sus rudimentarios goznes de latón, la pareja de ancianos quedó en el aire, pero tan contenta como antes.

Isabel sacó unas cartas del fondo y las dejó sobre la tierra. Debajo de ellas estaba escondido el papelito cuadriculado que tomó con delicadeza de filatélico y puso ante mis ojos.

A mí me interesaban más las cartas. Tres iban dirigidas a ella, Isabel Alcántara, y habían sido abiertas. La otra, en cambio, seguía cerrada. Yo la veía por el lado del remite: Hugo Alcántara. Y unas señas en Munich. La letra era la misma.

El sol, dando de lleno en la caja, arrancó un destello a una moneda de veinte duros nuevecita que había en su interior.

—Parece una señal luminosa —dije, consciente de que era una tontería; pero no lo fue tanto porque cumplió su objetivo: comunicar algo.

Isabel la tomó y, con los ojos fijos en ella, empezó a hablar más para sí misma que para mí, reencontrándose con sus recuerdos. Por eso tuve cuidado de no interrumpirla. Mi papel debía reducirse al de oyente de esta nueva Scheherazada con vaqueros.

2   *La moneda*

MI abuelo no puede beber. Se lo ha dicho el médico. Ni una gota, porque tiene la tensión alta. Y beber le gusta. No mucho, no es que se emborrache, pero le gusta irse al bar a tomarse una copa con los amigos y jugar una partida de dominó.

Por eso su hijo, mi tío Gabriel, no le da dinero. Le compra todo lo que necesita, pero dinero no le da por miedo a que se lo gaste en vino.

El abuelo, desde que le pasó lo de la tensión, reniega todo el tiempo. A veces, delante de la familia. Y a veces también solo, mientras riega la huerta o fuma debajo de la parra.

Al principio de este verano estábamos tomando el fresco él, yo y mi primo Lito. El abuelo llevaba la boina que no se quita ni para dormir. O a lo mejor sí, pero yo nunca lo he visto sin ella.

Fumaba un tabaco que olía mal. A cada rato le caía una chispa que tenía que sacudirse de la ropa. Así se le hacen agujeros y mi abuela no veas cómo se pone.

Yo le contaba un cuento a Lito. Le gustan mucho. Me escuchaba sentado en el suelo, con las piernas cruzadas, muy serio. Cuando dije «colorín, colorado...», de repente, le pidió al abuelo:

—Dame dinero para pipas.

Él contestó, furioso:

—¡A mí no me dan una peseta, para que te enteres! Me he pasado la vida trabajando, he comprado esta casa y esta huerta, he criado bien a mis hijos, para que ahora me digan lo que puedo gastar y lo que no.

Yo sabía lo que le pasaba; pero mi primo no comprendía que le soltara ese sermón por una bolsa de pipas. Dijo «uf» y se tiró al suelo, boca abajo, para mirar una hilera de hormigas. Cada una cargaba algo: una semilla, un trocito de hierba, una miga de pan.

—¿Adónde llevan la comida, abuelo? —preguntó Lito.

—Al hormiguero.

—Si se la comen toda de golpe se pondrán muy gordas y no podrán salir después. La puerta del hormiguero es muy pequeña. El otro día papá me la enseñó.

El abuelo dio una chupada al cigarro.

—No. Se la comen poco a poco y guardan para el invierno.

—¿Por qué?

—Porque en invierno es difícil encontrar nada.

—Y ellas ¿cómo lo saben?

El abuelo se levantó la boina, se alisó los cuatro pelos que le quedan y la dejó de nuevo en su sitio.

Pensaba. Pero pensar no le sirvió de mucho, porque acabó diciendo:

—Pues... lo saben.

Lito se puso de pie.

—¡Hay que ver lo que aprenden las hormigas! Y eso que no van al colegio. A lo mejor a mí tampoco me hace falta ir.

Lito empezó a ir al colegio este año y no le gusta.

—A ti, claro que te hace falta —dijo el abuelo.

—¿Por qué? ¿Soy más bruto que las hormigas?

—Más bruto, no sé; pero más pesado, sí. Me tienes harto con tanta pregunta. Anda, vete a jugar con tus amigos.

Mi primo se quedó en el sitio, mirando al suelo.

—¿No quieres? —le pregunté.

Él meneó la cabeza.

—¿Por qué?

—Estamos peleados. Me preguntaron si el abuelo ha nacido con la boina puesta y les tiré una piedra.

El abuelo, contento porque lo había defendido, le dio unas palmaditas en la espalda.

Lito, al ver que las cosas se le ponían mejor, aprovechó para pedir dinero otra vez.

—Cuando coges una canción... —dijo el abuelo de mal genio—. Ya te he dicho que no tengo. ¡Déjame en paz!

Mi tía llamó a Lito. Se iban a la compra con la abuela. Él saltó por encima de la hilera de hormigas para no pisarlas y se fue soltando el grito de Tarzán, o parecido.

Nosotros nos quedamos debajo de la parra. Allí se estaba bien. Todavía era temprano y no apretaba el calor.

El abuelo tiró el cigarro. Yo miré para arriba y conté los racimos que colgaban sobre nuestras cabezas. Catorce. Era una uva pequeña, casi negra, cubierta de un polvillo gris, como ceniza.

Me puse de puntillas y estiré el brazo para coger una. Me la metí en la boca. Todavía no estaba bien madura. Tenía un sabor especial, medio dulce, medio ácido.

—No es buena para comer —dijo el abuelo—. La planté sólo por la sombra.

—A mí me gusta.

Puso cara de sorpresa.

—¿De veras?

—Sí. Es rica.

Me eché a la boca unas cuantas más.

El abuelo preguntó, pensativo:

—¿Como la moscatel?

—La moscatel es la mejor, todo el mundo lo sabe. Por eso la venden más cara.

—¿A cuánto va ahora la moscatel?

—No estoy muy segura —le dije—. El otro día fui a la plaza con la abuela y me parece que la pagó a doscientas el kilo.

—¿A doscientas pesetas?

El abuelo sacó del bolsillo del chaleco una libretita y un lápiz corto. Mientras escribía, iba diciendo:

—Aquí tenemos siete kilos, por lo menos. Si la

moscatel la pagan a doscientas, por ésta podríamos pedir ciento cincuenta, ¿no te parece?

—No sé.

—¿Cómo que no sabes? Acabas de decir que es muy buena.

—Dije que a mí me gusta.

—Pues si a ti te gusta, les gustará también a los demás. ¡Vamos a venderla!

—¿Para qué?

Él miró alrededor, por si venía alguien. Y aunque no venía nadie, me habló al oído.

—No quiero andar por ahí sin un duro en el bolsillo, ¿comprendes? Y tú me vas a ayudar.

Me daba apuro. Le dije que si el tío Gabriel se enteraba nos regañaría a los dos; pero él me aseguró que no usaría el dinero para beber. Sólo para la partida.

Para acabar de convencerme, me dijo levantando una mano:

—Palabra.

Traje de la cocina una banqueta, más alta que las sillitas de paja que teníamos allí, y la tijera del pescado. Yo cortaba los racimos y él los iba colocando con mucho cuidado en una canasta de dos asas. Corté también unas cuantas hojas de parra para tapar las uvas y que no se estropearan.

Ahora la cuestión era pensar dónde las venderíamos. En este pueblo no podía ser. La gente nos conoce y es muy cotilla.

—Iremos al pueblo de al lado —dijo el abuelo.

—¿A San Porfirio? Está bastante lejos.

—¿Es que no puedes andar? Yo, sí. No soy tan viejo.

Había una buena tirada hasta allí, y el sol empezaba a calentar; pero íbamos contentos, llevando la cesta entre los dos.

El abuelo contaba historias de cuando era joven y estuvo en América, por donde tú has nacido.

—Aquello es muy hermoso. Y lo mejor que tiene es que se habla castellano, no como esos países donde hay que pasarse la tira de años estudiando el idioma para entenderse. Pero mira lo que son las cosas: aunque hablamos igual, resulta que a la hora de la verdad no es tan igual. A los albaricoques los llaman damascos; a los guisantes, arvejas; a las judías verdes, chauchas. Y dicen canilla por grifo, vereda por acera, pollera por falda. Claro que uno lo mismo se entiende. Es divertido, porque aprendes palabras nuevas. Y no creas que son palabras equivocadas, qué va. Son castellanas de verdad; sólo que aquí ya no las usamos.

—¿Por qué?

—¡Anda ésta! Porque cada uno es cada uno.

La explicación no explicaba nada, pero era igual. Además, el abuelo tenía que dejar de hablar cada tanto porque se cansaba. Entonces yo me entretenía mirando el paisaje. Sólo había ido a San Porfirio una vez, de pequeña, y no me acordaba del camino.

Para llegar, había dicho el abuelo, teníamos que subir una cuesta, bajarla por el otro lado y luego seguir todo recto, hasta la gasolinera. A la vuelta estaba el mercado.

Al llegar arriba, nos quedamos resoplando. Él más, claro. Dejó la cesta en el suelo, hizo que miraba para orientarse y mientras tanto recuperaba el aliento.

Bajar, como siempre, fue más fácil. Demasiado, porque la cesta tiraba de nosotros y la hierba, que estaba húmeda, resbalaba mucho. Por eso pasó lo que pasó.

Al final de la cuesta hay una acequia que ahora, por suerte, lleva poca agua. Fue una suerte porque, con el último resbalón, los dos nos caímos sentados en el barro.

—¡Las uvas! —gritó el abuelo.

Era lo único que le preocupaba; pero por eso no había que preocuparse. La cesta estaba de pie y las uvas en su sitio.

Nosotros, en cambio, teníamos una pinta fatal. Las zapatillas, mi falda, sus pantalones, llenos de barro. A él le había salpicado hasta en la cara y la boina.

Lo limpié como pude, con la mano. Él protestaba. No se le entendía bien, pero creo que soltó algún taco. Le dije que se quitara la boina y la guardara en el bolsillo. Me miró como si estuviera loca y echó a andar.

—Se hace tarde —dijo.

—Pero ¿cómo vamos a ir así?

—Por el camino nos secaremos. Además, vamos a hacer negocio, no a un baile en el casino.

No le llevé la contraria para que no se enfadara más, pero a mí me parecía que sí íbamos a un baile, y de disfraces.

Por fin llegamos al mercado. Había muchos puestos. Unos eran grandes, con toldito y todo. Otros sólo eran mesas plegables o cestas como la nuestra. Encontramos un hueco junto a una muchacha que vendía puntillas, botones, medias y no sé cuántas cosas más. Debía de tener unos dieciocho años. Era alta, con las espaldas anchas y la cabeza redonda como si se la hubieran hecho con un compás.

El abuelo y yo discutimos. Yo decía que las uvas se verían mejor en el suelo, sobre las hojas de parra. Y él, que en la cesta se estropearían menos. Por fin me hizo caso y colocamos los racimos formando un bonito dibujo. A la luz del sol, el polvillo gris parecía de plata.

Nos quedamos parados, sin saber qué hacer. Las zapatillas, mojadas y llenas de barro, nos pesaban un montón.

La gente iba y venía entre los puestos. Casi toda eran mujeres. Algunas con niños. También dos o tres viejos solos.

La muchacha de al lado gritaba:

—¡De moda! ¡De última moda! ¡Botones, collares, pañuelos...!

En una de ésas se volvió y le preguntó al abuelo:

—¿Su nieta, no? ¡Por muchos años! ¡... encaje de bolillos, camisetas de franela, para cuando venga el invierno...!

Envolvía y cobraba dándose mucha maña.

El abuelo se me acercó.

—Nosotros también deberíamos decir algo, ¿no crees?

No le contesté. Lo único que yo creía es que nadie iba a comprar a gente tan sucia como nosotros. Pero una señora mayor, con la bolsa todavía vacía, se acercó y, mirando las uvas, dijo:

—¿Se pueden probar?

Contesté que sí, y el abuelo, que no. Los dos al tiempo. La señora, sin entender nada, se fue. Nosotros discutimos de nuevo.

—Si le hubieras dejado probar...

—¿Y si le dejo y no le gusta?

—Para vender hay que arriesgarse.

—¡Tú qué sabes!

La muchacha nos miró con pena.

—Así no van ustedes a ninguna parte. Son nuevos, ¿verdad?

Contesté que sí con la cabeza. Pero ella no esperaba ninguna contestación. Hablaba todo seguido.

—Se nota. Hay que llamar la atención del personal como sea. ¿No me han oído? Anuncio el género y, a veces, canto.

Y para demostrarlo se puso a cantar con una voz que se debía de oír hasta aquí.

—Quinceee... añooos... tiene mi amooor...

Paró para preguntarme:

—¿Te gusta esta canción?

Abrí la boca, pero ella siguió diciendo:

—Es del tiempo de mi madre, que tenía el disco. A mí me chifla. Los artistas que la inventaron todavía son famosos. Cuando vinieron a cantar al Casino de Playa Grande, fui y les pedí una foto dedicada. Pusieron: «A Rosi —es mi nombre— sinceramente». Fíjate, como si fuéramos amigos de toda la vida.

El abuelo no escuchaba. Estaba preocupado mirando a un hombre bigotudo que traía una carretilla llena de uva moscatel y se puso en el lugar que quedaba libre al otro lado.

—Vaya —dijo—. También es mala suerte.

Y se adelantó despacio, haciéndose el distraído, tratando de tapar con su cuerpo la carretilla.

No sirvió de nada. El hombre, aunque parezca mentira, gritaba más que Rosi. Como la sirena de un barco.

—¡La mosca... la mosca... la moscatel de primera!

En seguida empezó a vender. Pesaba los racimos en una balanza abollada y después los metía en cucuruchos de papel de periódico.

—Eso está prohibido —rezongó el abuelo—. Es antihigiénico.

Entonces nos dimos cuenta de que no llevábamos nada para pesar o envolver nuestras uvas.

—Es igual. Vendemos a diez duros el racimo. Y envolverlos no hace falta. Todo el mundo trae su bolsa.

—Yo creo que tendríamos que darlos más baratos, abuelo. Si no...

En el suelo, las hojas de parra empezaban a secarse por los bordes, y las uvas habían perdido su polvillo plateado.

—¡A cinco duros el racimo! —anuncié chillando—. ¡La mejor uva!

No me gustó nada la voz que me salió. Parecía una gallina acatarrada. Encima, el abuelo me criticó.

—¿Cinco duros? ¡Así vamos a la ruina!

—¡Y se puede probar! —seguí gritando para fastidiarlo.

El hombre de la moscatel nos preguntó:

—¿No tendrían cambio de mil? No me llega para devolverle a esta señora.

Qué íbamos a tener nosotros... Según iban las cosas, ni esperanzas.

Las moscas chupaban algunas uvas que se habían reventado, y el abuelo las espantó con la mano; pero las muy pesadas volvían otra vez.

Rosi alargó un paño de cocina.

—Tome. Con esto las espantará mejor.

A eso de las dos ya no quedaban clientes, y los vendedores empezaron a recoger. El hombre de la carretilla se la llevó vacía y silbando. Rosi metió en una maleta negra lo poco que le había sobrado y cerró la mesita plegable que le servía de mostrador. Cantaba: «Perdónameee..., te quiero taaanto...». Ahora no para llamar la atención de la gente, sino por gusto.

Nosotros guardamos los racimos en la canasta.

No sé por qué. Estaban pringosos, llenos de tierra. Sólo nos iban a servir de carga.

—No hubo suerte, ¿verdad, abuelo? —dijo Rosi. Y sin esperar contestación, como siempre, siguió—: ¡Vaya por Dios! ¡A sus años, tener que ganarse la vida así!

Él trató de explicarle que estaba equivocada, pero ella no le dejó.

—No..., si usted puede ir con la frente muy alta, porque todavía quiere trabajar. A los que deberían ocuparse de usted se les tendría que caer la cara de vergüenza.

Y me miró como si yo tuviera la culpa de algo. Echamos a andar los tres juntos.

—Yo vengo al mercado desde los seis años —iba explicando la chica—. Me traía mi madre, que se ocupaba del puesto. Me enseñó que lo más importante en el comercio es la seriedad. Y vender buen género. Si digo «hilo que no destiñe», es que no destiñe aunque lo metan en agua hirviendo. También importa la vista. Esa uva que ustedes traen, por ejemplo...

La interrumpí.

—Es buena.

—No digo que no, pero no entra por los ojos. Y tiene que entrar. Si no..., ya ves lo que ha pasado.

Le pregunté por qué no venía ahora su madre al mercado.

—No puede. Conmigo, somos siete hermanos. El más pequeño todavía no anda. Tiene que atenderlos. Y a mi padre, que no da golpe porque está de los nervios. El único que ayuda es Andrés, el que me sigue. Cumplió dieciséis por San José, pero no es de fiar. Lo mandan a hacer recados y él se lía con cualquier cosa. Lo mismo se pone a jugar al fútbol que se queda mirando la tele en la tienda de la plaza.

El abuelo, por primera vez, la escuchaba con atención.

—¿Y cómo os arregláis para vivir? —le preguntó.

—Psé... Cuando corre dinero en el pueblo, bastante bien. La gente compra más y a nosotros nos llega hasta para un arroz con calamares los domingos. Cuando no..., siempre crece algo en una huertita que tenemos. La cuida mi padre los días que no está con la desgana. Además, como dice mi madre, «de buenas cenas están las sepulturas llenas». Andrés contesta que a él le den buenas cenas y que lo otro le trae al fresco. Pero no hay que hacerle caso. La que sabe es mi madre. Y eso que apenas si fue al colegio, que si no... A mis hermanos pequeños, cuando se enfurruñan porque no les compro un helado o un bocadillo, les digo que algún día tendremos dinero para hartarnos. Yo, en vez de vender en el mercado, pondré una tienda de verdad, con luces en la puerta, mostrador de cristal y un gato durmiendo en el escaparate, en medio de las puntillas y las camisetas, que un día vi uno así en una librería y me pareció precioso. Pero también les digo que hay que tener paciencia, ¿verdad usted?

El abuelo, nervioso, se ajustó la boina y cayó al suelo un cachito del barro seco que tenía.

Llegamos a la gasolinera con un sol que no aguantaban ni los turistas. Rosi se abanicó con la mano.

—¡Uf, qué calor! Estoy deseando llegar a casa para beberme un botijo entero.

—Podríamos comernos las uvas —dijo el abuelo.

Ella se quedó sorprendida.

—¿No las piensa vender?

—No entra por los ojos, como tú dices, así que...

Nos sentamos al borde de la carretera, debajo de un árbol. Soplamos para quitarles la tierra y, aunque todavía les quedaba bastante, nos comimos todas las uvas. Estaban más dulces que por la mañana. Seguramente, con el calor y el trajín, habían acabado de madurar.

Después anduvimos hasta la acequia que nos traía malos recuerdos. Allí, Rosi se despidió.

—¡Hala, adiós! A ver si la próxima vez tienen más suerte. Y tú, guapa, dale una agüita de jabón a la boina del abuelo, que le hace buena falta.

—Que Dios te ayude, hija —dijo él. A última hora le había tomado simpatía.

—Y a usted, que lo necesita más que yo.

De prisa, medio a escondidas, sacó algo del bolsillo y lo puso en la mano del abuelo. En seguida se alejó balanceando la mesita plegada y la maleta negra. Cantaba: «Quinceee... añooos... tiene mi amooor...».

—¿Qué te ha dado?

El abuelo no contestó. Miraba una moneda de

veinte duros, nuevecita, que brillaba en su palma llena de callos.

En casa nos esperaban muy preocupados. La abuela, al vernos tan embarrados, dijo «María Santísima» y se echó a llorar. El tío Gabriel nos regañó por volver tarde y sin avisar. También quiso saber dónde habíamos estado.

—Por ahí —contestó el abuelo. Y se metió en la boca una cucharada grande de gazpacho, dando a entender que no pensaba contestar más preguntas.

Después, cuando los otros se fueron a echar la siesta, le dijo a Lito:

—¿Cuántas pipas dan por veinte duros?

—No sé... ¡Un montón!

—Pues toma.

El abuelo se fue a fumar debajo de la parra, que ahora estaba pelona.

Lito miraba la moneda sin acabárselo de creer, como si le hubieran regalado la lámpara de Aladino. Mientras tanto, fui a buscar otra moneda de cien pesetas que tenía en el cajón de mi cómoda. Se la enseñé y le dije:

—Te la cambio por la tuya.

—¿Por qué?

—Es igual, ¿no ves?

Él desconfiaba.

—Y si es igual, ¿por qué me la quieres cambiar?

Era difícil explicárselo. Además, no me apetecía.

Al fin lo convencí dándole un rotulador verde que le gustaba mucho. Con lo pequeño que es, hay que ver cómo sabe aprovecharse.

ISABEL ECHÓ LA MONEDA en la caja, que la recibió con un gozoso tintineo.

—¿Has vuelto a ver a Rosi? —pregunté, pensando que a mí me hubiera gustado conocerla.

—No, al abuelo no le quedaron ganas de volver a San Porfirio y yo no tengo nada que hacer allí; pero me acuerdo de ella cuando oigo por la radio las canciones que cantaba. Una casi me la sé entera.

—¿Sí? Cántala, anda.

Isabel enrojeció

—Tengo mal oído.

—¿Quién te lo ha dicho?

—Yo que lo sé. Desafino.

Tomó la naranja y empezó a pelarla frunciendo las cejas, en un gesto de máxima concentración.

Yo observaba una cartulina color marfil, del tamaño de una postal, escrita en letra clara. Se había quedado apoyada contra una de las paredes de la caja cuando Isabel revolvió en busca de mi autógrafo.

—Es la poesía —dijo, siguiendo mi mirada con la suya.

—¿La poesía? ¿Cuál?

—Una muy bonita. Se llama *Madrigal*

Hablaba mientras sus dedos, con la precisión de unas pinzas de cirujano, se empeñaban en no dejar ni rastro del tejido blanco que la naranja tiene debajo de la cáscara.

3   La poesía

Yo no he vivido siempre en el barrio del colegio, donde tú estuviste. Antes vivía en una casa antigua, con jardín, que era de los padres de papá. No los conocí. Murieron hace mucho en un accidente de coche.

Cuando nací, papá se puso tan contento que hizo pintar mi nombre en la pared, al lado de la puerta. Después, la hiedra lo tapó; pero yo sabía que seguía estando allí y pensaba que la casa era más mía que de nadie, porque para algo se llamaba como yo. Claro que entonces era más pequeña.

En el jardín teníamos muchas plantas. Sobre todo, rosales. Es la flor preferida de mamá. Hasta se compró libros para aprender a cuidarlos. En cada rosal ataba una tablita con un alambre fino y allí ponía el nombre. Porque tienen nombre, como tú, como yo, como mi casa.

Mamá decía que hacer eso le sentaba bien para los nervios. Es lo malo que tiene: los nervios. Se preocupa por todo, piensa que van a pasar cosas malas y apenas duerme. A veces nos peleamos porque me corrige y se pone pesada hablando de los buenos modales y de lo que es de mal gusto.

A mí me parece que eso del gusto se puede discutir. No hay más que ver las modas de antes y las de ahora. Son diferentes. Algunas hasta nos dan risa. Y sin embargo a la gente de entonces les gustarían, creo yo. Pero no se lo digo para que no se ponga más nerviosa. Tiene muchos problemas.

Tampoco le digo que por las noches sueño con la otra casa y con Pirucho. Era un conejo blanco de ojos colorados. Lo cogíamos en brazos y se quedaba quietecito, como si le gustara. Pero no le debía de gustar tanto, porque un día hizo un agujero junto al jardín de al lado y desapareció. Los vecinos dijeron que no lo habían visto, pero para mí que se lo comieron. Hay gente capaz de comerse un conejo blanco con ojos colorados que se deja acariciar.

Entonces mis padres siempre tenían algo que contarse y se reían por cualquier cosa. Ibamos al cine, a remar en las barcas del parque o al museo, a ver los cuadros.

Mi colegio tenía un patio grande y una planta que nunca he vuelto a ver. Trepaba por la verja y todo el invierno estaba pelada. De golpe, de la noche a la mañana, sin que te lo pudieras imaginar, se llenaba de flores azules, No, más bien violetas. Bueno, azul violeta. Y con un perfume que huelo cuando quiero, sólo cerrando los ojos,

Las hojas le salían a la planta más tarde, como si no quisieran estorbar a los racimos. Porque no te lo he dicho, pero las flores tenían forma de racimo.

Me llevé un disgusto el día que la directora habló de arrancarla porque sus raíces estaban levantando las baldosas del patio. No sé si lo habrán hecho. Prefiero no enterarme.

Y lo más fácil es que no me entere, porque ya no voy para nada a aquel barrio.

¿Qué te estaba contando? Ah, sí, lo de la poesía.

Mi profesora se llamaba Leocadia. Tenía la cara redonda y el pelo rubio, casi blanco. Nuria decía que era teñido.

Una vez, la señorita nos contó que escribía versos. A lo mejor por eso, porque era medio artista, le pidieron que organizara la función de fin de curso.

Nosotros no estábamos de acuerdo con sus ideas. Especialmente los mayores. Tenían que bailar una «Estampa del 900» con trajes antiguos de verdad. La señorita Leocadia guardaba muchos en un baúl que había sido de su abuela, cantante de ópera.

Lo de los trajes les divertía; pero el baile, que era una polca, no. ¿Quién va a querer bailar ahora la polca?

A los pequeños les enseñaron unas canciones folclóricas y estaban contentos porque tenían que tocar la pandereta.

La señorita dijo en nuestra clase que participaríamos con un «Florilegio poético». Tuvo que escribirlo en la pizarra y explicar lo que era porque ninguno de nosotros lo sabía. Es una selección de poesías famosas. Puede que tú lo sepas.

Para «selección» nos pareció bastante canija.

Nos dio solamente dos poesías, copiadas en cartulinas como esa que tengo ahí. Una a Alberto, un chico simpático y gritón. Esa de «Con cien cañones por banda, viento en popa, a toda vela...». Seguro que la escuchaste alguna vez. Y a mí, *Madrigal:* «Ojos claros, serenos, si de un dulce mirar sois alabados...».

El autor se llama Gutierre de Cetina. Al oírlo, mi compañera Adoración Gutiérrez dijo:

—¡Igual que yo!

—No —contestó la señorita—. Este nombre no lleva zeta.

—Eso será que antes no tenían ni idea de ortografía —se rió Adoración.

Supongo que a mí me dieron esa poesía porque tengo los ojos claros, nada más. Nunca había recitado nada, y menos en público. Lo que me dolió fue que Nuria anduvo diciendo en el recreo que también se la podían haber dado a ella porque tiene los ojos verdes, y que era una injusticia.

Nunca fuimos muy amigas, pero desde entonces empezó a meterse conmigo de una manera que todo el mundo se dio cuenta. Si jugábamos al baloncesto me empujaba, y si traía pastillas de café con leche, que traía muchas veces porque su padre tenía tienda, convidaba a los demás y a mí no. Y el día que me cortaron el pelo y me dejaron una melenita con flequillo, dijo que parecía Colón.

Me aprendí el madrigal de carrerilla. Lo repetía en casa a cada rato, en voz alta. A veces delante del espejo, para estudiar los ademanes. La señorita no me había explicado cómo los tenía que hacer. Sólo me había dicho: «No te quedes como un poste».

Yo entendí que tenía que moverme. Y cuanto más, mejor. Al decir «ojos claros...» me los señalaba con las dos manos, porque tenemos dos; me balanceaba siguiendo el compás de los versos y levantaba los brazos en esa parte que dice «ay, tormentos rabiosos...» para que se notara el sufrimiento.

En esos días mis padres estaban de morros. Era fastidioso, especialmente a la hora de las comidas. Yo les preguntaba cualquier cosa con tal de hacerlos hablar, aunque no fuera entre ellos. Pero contestaban «sí», «no», lo menos posible. Después volvíamos a quedarnos callados y se oía hasta el ruido más pequeño. «No sorbas la sopa», decía mamá, nerviosa. Yo ponía atención, palabra. Y creo que no sorbía. La culpa la tenía aquel silencio. Molestaba más que un cañonazo.

Papá dejó de venir a comer a mediodía. Dijo que su oficina estaba muy lejos y no le daba tiempo. Volvía de noche, tarde, cuando yo ya estaba durmiendo. Me despertaba con un pastel o un bombón helado casi derretido. Mientras me lo comía, muerta de sueño, él me preguntaba qué tal el colegio o me contaba algo que había pasado ese día.

Cuenta muy bien las cosas. Como si las estuvieras viendo en el cine. Y siempre está de buen humor. Bueno, ahora no sé. Hace tiempo que no lo veo.

Después me subía las mantas hasta la nariz, aunque no hiciera frío, y me daba un beso. Por la mañana se iba temprano. Un día corrí tras él y le dije que si esperaba un poco le haría un ramo de violetas. Habían salido muchas en el jardín.

—¿Y qué voy a hacer con ellas? —me preguntó sonriendo.

—Te las llevas y las pones en un florero.

Miró su reloj.

—No. Mejor me las traes tú cuando vengas.

Pero a mí nunca me llevaban a la oficina de papá.

Aquella tarde, al volver del colegio, encontré a mamá en la cama. Se tapaba los ojos con un brazo doblado y hablaba como si estuviera acatarrada. Dijo que le dolía la cabeza.

Salí sin hacer ruido, dejé en mi cuarto la cartera y cogí un polvorón de una caja igual a ésta. Mis abuelos me mandan una todos los años, por Navidad. Lo apreté entre las dos manos. Dicen que hay que hacerlo así, no sé por qué. Lo desenvolví y me lo metí en la boca. Con el papel, que era fino, color rosa, hice una bolita y la tiré entre las violetas. Había tantas que su olor borraba el de las rosas y hasta el de la menta, con lo fuerte que es.

Me senté en el borde de la fuente de piedra que mamá hizo poner porque le gusta el sonido del agua. De la boca de un pez de ojos saltones salía un chorro que parecía querer ahogar todo lo que le pasara por debajo.

Cuando lo trajeron, dije:

—Tiene cara de malo.

Y mamá contestó sonriendo:

—Tiene cara de pez.

Me divertía echar al agua media cáscara de nuez vacía y hacerla navegar teniendo cuidado de que no se acercara demasiado al chorro, porque se hundiría. Para eso la hacía girar con el dedo justo en el momento de peligro.

Todavía tenía polvorón pegado al paladar cuando mamá me llamó. Desde la ventana de su dormitorio, que daba al jardín, dijo:

—Vamos a salir. Te he preparado la ropa para que te cambies.

Me alegré de que se le hubiera pasado el dolor de cabeza o lo que fuera; pero por otra cosa, no. Seguramente iríamos a casa de su amiga Elena. Se ponían a hablar horas y horas y yo me aburría. A veces, según de qué hablaban, me mandaban a ver la tele o al cuarto de Marcos, el niño de Elena, que era pequeño y no sabía jugar a nada. Encima, una vez que me entretuve en peinarlo, me regañaron. Parece que le había entrado un poco de colonia en los ojos y él, que es un quejica, no paraba de llorar.

Sacudí la nuez, la dejé en el borde de la fuente y entré en mi cuarto. Mamá ya estaba arreglada. Hacía tiempo que no la veía así, con los ojos y los labios pintados, y el vestido que a mí más me gustaba, verde, con tréboles blancos. Me divertía mirarlos uno por uno por si encontraba alguno de cuatro hojas; pero no, no había.

Sobre la cama vi una blusa y la falda de pana negra. Abajo, los zapatos nuevos. Yo quería salir como estaba, con pantalones y zapatillas; pero ella dijo que íbamos a la oficina de papá, y parecía una razón importante para ir bien vestida. No discutí porque de todos modos estaba contenta. Era una buena noticia. Le llevaría las violetas. En cuanto me cambié, corrí al jardín. Mamá protestaba diciendo que era tarde y me iba a manchar los zapatos.

Tenía razón. Me los manché bastante. Y las manos, porque las violetas se esconden entre las hojas húmedas y hay que revolver para encontrarlas. Mamá estaba nerviosa.

—Vamos, acaba ya —me dijo.

Pero todavía faltaba algo. Recogí la bola que había hecho con el papel del polvorón, lo estiré y envolví los rabos de las violetas.

Tomamos un taxi. Ella iba mirando la calle sin mover la cabeza, como si fuéramos por una ciudad desconocida. A mí sólo me preocupaba el ramo. Lo llevaba bien derecho, apartado del cuerpo, para que no se estropeara.

La oficina de papá estaba en una casa moderna, de muchos pisos, con pasillos largos y oscuros. En la puerta tenía un cartelito dorado con un nombre raro. Creo que extranjero.

Mamá no tocó el timbre en seguida. Primero se arregló el pelo y se pasó la lengua por los labios. Después apretó el timbre con más fuerza de la que hacía falta.

Salió a abrir una chica joven y guapa. Me llevé una sorpresa, porque yo creía que en la oficina de papá estaba papá y nadie más.

—¿El señor Alcántara? —preguntó mamá con una voz que parecía la de otra persona—. Soy su mujer.

La chica no se apartaba de la puerta para dejarnos pasar.

—Ha salido.

—No importa. Esperaremos.

Mamá se sentó en la punta de un sofá largo, de cuero marrón. Miraba la mesa grande, llena de papeles, libros y carpetas, que seguramente era la de papá. Me di cuenta de que allí no estaba la fotografía que ella y yo fuimos a hacernos a casa de un fotógrafo elegante. Mamá se la regaló con un marco bonito por su último cumpleaños.

No me extraña que no la tuviera a la vista. Salimos horrorosas. Figúrate. Mamá se empeñó en que antes fuéramos a la peluquería. Y para colmo, el fotógrafo nos torcía la cabeza cogiéndonos de la barbilla y diciendo:

—Quietas..., quietas... Sonreíd... más..., un poco más.

Para qué te cuento. Tres días me dolió el cuello.

La muchacha, sin hacernos caso, escribía a máquina en una mesa pequeña que estaba pegada a la otra. Llevaba pantalones elásticos, una camiseta negra que ponía MANHATTAN en letras doradas, unos pendientes de aro tan grandes que casi le tocaban los hombros y el pelo largo recogido con un lazo azul.

A mí también me gustaría llevarlo así, pero

mamá dice que para eso hay que tenerlo fuerte, no debilucho como el mío. Y me lo cortan siempre.

Era una lata estar tanto tiempo callada, quieta, como en la casa del dentista. Además, se me había dormido un pie.

Me levanté para sacudirlo, dejé las violetas sobre la mesa y fui a coger un libro gordo de una estantería. Tenía mapas en colores. La chica me miró dos o tres veces muy seria y lo volví a dejar en su sitio.

Entonces, con un bolígrafo y un bloc que estaba junto al teléfono, me puse a dibujar tréboles de cuatro hojas. Dicen que traen suerte.

Ella, que no me quitaba los ojos de encima, se acercó con unas cuantas hojas escritas por un lado.

—Toma —me dijo—. Ese bloc es para anotar los mensajes.

Mamá tenía los labios apretados y respiraba haciendo ruido, de prisa.

Poniéndose de pie, dijo:

—Vamos, Isabel.

La chica había vuelto a su trabajo. Ni se movió ni levantó los ojos de la máquina.

Ya junto a la puerta me acordé de las violetas. Mamá dijo que las dejara, pero no le hice caso.

—Son para papá. Seguramente ahora está en casa.

En el taxi que tomamos de vuelta quité la hojita rosada que envolvía los rabos de las flores. Se estaba rompiendo por todas partes. Con cuidado la volví a estirar y a ponerla en su sitio.

Mamá hizo parar el taxi en casa de Elena. Me dio rabia. Estaba deseando quitarme los zapatos, que me hacían daño, y tenía hambre.

Me mandaron a jugar con Marcos y lo encontré dormido en su cuarto, abrazado a un osito de felpa. Por pasar el rato me puse delante del espejo y estuve haciendo caras cómicas. Al mismo tiempo oía algo de lo que hablaban en el cuarto de al lado.

—Estaba segura, segura...

Decidí decirle a mamá que me dejaría crecer el pelo.

—Tú, tranquila —era la voz de Elena—. No des a entender que...

Luego me lo sujetaría con una cinta azul, como la chica de la oficina.

—Y no tiene la fotografía en su mesa.

Pensé que cuando fuera mayor también me gustaría llevar pendientes largos. Pero quién sabe. A lo mejor entonces no se usan.

Me llamaron bastante más tarde. Menos mal. Me había hartado de hacer muecas frente al espejo. Y ni siquiera pensaba en comer. Sólo quería acostarme. No ver ni oír nada más ese día.

Mamá apareció con los ojos encarnados. Ya no le quedaba nada de pintura y tenía el pelo aplastado, como si le hubiera caído un chaparrón.

Llegamos a casa casi de noche. Grité desde la puerta:

—¡Papá! ¡Papá!

No estaba. Mamá se metió en su cuarto sin decir

una palabra y yo fui al jardín. El ramo de violetas, en mi mano, olía a hierba machacada.

Apenas se veía, pero me senté en el borde de la fuente y las eché al agua, una a una. Iban despacito hasta el chorro que salía de la boca del pez con cara de malo. Las dejé ir. Pensaba en otras cosas.

Poco después volvieron a aparecer. Flotaban como pececitos muertos.

Cuando llevaba un rato acostada, dando vueltas, sin poder dormir, oí el coche de papá. Esperé un poco, escuchando, por si venía a darme un beso. No vino. Él y mamá discutían, cada vez más fuerte.

No quería entender lo que decían. Metí la cabeza debajo de la almohada y al rato sentí que me caía en un agujero oscuro. Me dio miedo, pero al llegar al fondo flotaba tranquila, como las violetas.

A la mañana siguiente no pude levantarme para ir al colegio. Tenía fiebre, me dolía la cabeza, la garganta, todo el cuerpo.

Estuve en cama muchos días. Y cuando se me fue la fiebre, no tenía fuerzas ni para sostener un vaso. Si intentaba sentarme, me mareaba, y si quería leer o mirar la tele, no podía. Todo lo veía doble.

A veces, mamá se quedaba mirándome, se tapaba la boca con la mano y salía de repente del cuarto. Yo pensaba que era una exagerada. Cualquiera tiene la gripe. No era cosa del otro mundo.

Ya no me dolía nada, pero estaba aburrida. Tenía ganas de volver al colegio y, sobre todo, de seguir ensayando para la función.

Un día vino Nuria a verme. Me trajo una caja de galletas de la tienda de su padre. También se quedó mirándome fijo, pero en vez de poner cara de pena, como mamá, casi se echa a reír. Lo noté perfectamente.

En seguida disimuló hablando de la película que había visto el sábado y de que a Alberto tuvieron que ponerle tres puntos en la nariz porque se cayó de la bicicleta y se hizo una brecha.

Después me enteré de que Nuria dijo en el colegio que yo no iba a poder tomar parte en la función. No dio más explicaciones, pero lo dijo tan segura que la señorita Leocadia le preguntó si estaba dispuesta a aprenderse mi poesía. Ella contestó corriendo que sí.

Yo seguía sin comprender por qué la gente ponía una cara tan rara al verme. Pensaba: «Es porque te has quedado hecha una birria». Todavía me costaba moverme y los huesos me pinchaban por todas partes. Hasta que pude levantarme y verme en el espejo.

Al principio me quise morir. Mamá, que estaba conmigo para ayudarme, dijo:

—Suele pasar cuando se tiene fiebre muy alta y después al contrario, muy baja. Lo ha dicho el médico. No hay que preocuparse, de veras. A medida que te vayas reponiendo, volverás a estar igual que antes. Es sólo cuestión de tiempo y de que comas mucho.

Pero las dos estábamos muy preocupadas. A mí me sentaba fatal tener que volver así al colegio; pero ya no podía perder más días de clase.

Mis compañeros se portaron de lo mejor. Contentos de verme, no hicieron preguntas ni comentarios. Tampoco la señorita Leocadia, pero dijo:

—Como estamos casi a fin de curso y tienes que recuperar, será mejor que no trabajes en la función. El año que viene, seguramente...

No oí lo que seguía diciendo. Sentí un calor fuerte en el pecho, que me subió a la cabeza y me hizo gritar:

—¡Sé muy bien que no voy a recitar la poesía porque estoy bizca!

Todos se quedaron serios, callados. La señorita Leocadia se dio la vuelta para escribir algo en la pizarra y la clase continuó como si nada.

Ahora me parece una tontería; pero te aseguro que estaba pasando uno de los momentos peores de mi vida.

Poco a poco se cumplió lo que había dicho el médico. A medida que aumentaba de peso y me iba sintiendo más fuerte, dejé de ver doble. Mi ojo izquierdo, que se había empeñado en esconderse detrás de la nariz, volvió a su sitio; pero lo de la función me tenía de tan mal humor que decidí no ir.

Mis padres, que seguían sin hablarse, insistieron en que fuera. Cada uno por su lado.

—Te llevo en el coche —dijo papá.

Y mamá:

—¿No te gustaría una falda escocesa?

Nunca se enteró de que detesto las faldas escocesas.

Seguí diciendo que no hasta lo del sueño. Se

lo conté a papá, que tiene libros sobre eso. Soñé que Nuria salía al escenario, abría la boca y no se oía nada. Estaba muda. Y al final de la función seguía igual: muda para siempre.

Quería saber si los sueños se cumplen. Papá me dijo que algunas veces. Hay personas que tienen un don especial para ver así, durmiendo, lo que va a pasar de verdad. Y a veces también soñamos con algo que deseamos, o al revés, que nos da miedo. Bueno, él lo explicó mejor, pero era algo así.

Menuda preocupación. No sabía si estaba adivinando que Nuria se quedaría muda o si en realidad lo estaba deseando. Y desear una cosa así, aunque fuera sin darme cuenta, era... era asqueroso.

Fui al colegio a ver qué pasaba. Con los vaqueros y las zapatillas, eso sí. Y segura de que no valía la pena porque mi sueño no se cumpliría. Casi segura.

La señorita Leocadia me hizo sentar a su lado, en primera fila. El teatrito del colegio estaba lleno de parientes y amigos. Se abrió la cortina roja que hacía de telón y apareció la «Estampa del 900».

Cuatro parejas vestidas de antiguo empezaron a dar saltos bailando la polca. Atufaban a eso que se pone contra las polillas. Se ve que la señorita Leocadia cuidaba muy bien la ropa de su abuela.

Detrás de ellos cantaron los enanos, todos con entusiasmo, menos uno que prefería meterse el dedo en la nariz.

Después le llegó el turno al «Florilegio poético».

53

La profesora de música tocó un vals. Era muy entretenido mirarla. Apretaba las teclas y de golpe subía las manos hasta las orejas, como si el piano estuviera ardiendo.

En seguida salió Alberto con un esparadrapo en la nariz para recitar la *Canción del pirata*, la de los cien cañones por banda, ya sabes. Pero no lo llevaba para parecer más pirata. Era por la caída de la bicicleta.

Como él también es muy guerrero, la dijo estupendamente. Sobre todo el final... A ver si me acuerdo...

> *Y si caigo*
> *¿qué es la vida?*
> *Por perdida*
> *ya la di*
> *cuando el yugo del esclavo*
> *como un bravo*
> *sacudí.*

Al decir esto sacudió la cabeza para los dos lados y lo aplaudieron mucho.

Después salió Nuria. No me hizo ninguna gracia, pero tuve que reconocer que estaba guapísima, con un vestido blanco, largo, y una faja de algo brillante y dorado que le caía hasta el suelo. Pero también olía a cosa de matar polillas.

Yo estaba muy nerviosa. Ella, nada. Se colocó en mitad del escenario, despacio, sonriendo. Y empezó.

Ojos claros, serenos,
si de dulce mirar sois alabados,
¿por qué, si me miráis, miráis airados?

Un foco le daba en los ojos y parecían más verdes y bonitos. Daba gusto escucharla. Pronunciaba muy bien las palabras, se le entendía todo. Aunque estuviera recitando «mi» poesía, no podía estar enfadada con ella. Nuria no tenía la culpa de que me hubiera quedado bizca por la enfermedad. Y no se había reído al verme. No mucho. Otra, en su lugar, quién sabe.

Yo iba diciendo los versos bajito, al mismo tiempo que ella.

Si cuando más piadosos
más bellos parecéis a aquel que os mira,
no me miréis con ira
porque no parezcáis menos hermosos.

Ahí se calló y volvió a sonreír al público. Yo no hubiera parado en ese lugar. Y menos tanto tiempo. A lo mejor lo hacía para que prestáramos más atención a lo que venía después.

No vino nada. El silencio se alargaba demasiado. La señorita Leocadia se puso blanca. Sólo nosotras dos, que habíamos estudiado tanto la poesía, sabíamos que pasaba algo raro.

—Se le ha olvidado —dijo en un susurro. Y se agarraba al bolso como si fuera un talismán capaz de arreglar el asunto.

Esperamos un poco más. Nuria seguía igual, pero ahora la sonrisa parecía pintada. La gente empezó a moverse en las sillas y a hacer comentarios.

Yo quería morirme. Mi sueño se estaba cumpliendo, como los tres deseos de los cuentos. Pero a mí me había bastado con uno para que Nuria no pudiera recitar la poesía. Sin darme cuenta, sin querer de verdad, pero lo había deseado.

La señorita Leocadia ya no estaba blanca, estaba gris. Natural, con lo que había trabajado y lo sensible que era.

Estrujando el bolso, dijo:

—¡Que cierren el telón!

Pero apenas le salía la voz, con el sofoco, y nadie la oyó. Yo sí, claro. Me levanté. Tratando de no llamar la atención, pero lo más de prisa que pude, subí al escenario por la parte de atrás.

A cada lado, escondidos detrás de la cortina roja, se amontonaban unos compañeros. Empujé a Alberto para que me dejara sitio y desde allí, lo más cerca que pude, le fui apuntando a Nuria el resto de la poesía.

> *¡Ay, tormentos rabiosos!*
> *Ojos claros, serenos,*
> *ya que así me miráis, miradme al menos.*

Por suerte, mi sueño no se había cumplido del todo. A Nuria se le habían olvidado algunos versos, pero no estaba muda. Qué alivio.

Pasado el mal rato, recobró su bonita sonrisa y

saludó muy bien, echando un paso atrás y agachándose, como las bailarinas.

La aplaudieron y le gritaron algo que no entendí. Pero seguro que era un piropo o una felicitación.

Miró para donde yo estaba, vino a cogerme de la mano y me sacó con ella al escenario.

Pasé un apuro horroroso. Yo no sé saludar y encima se me había soltado el cordón de una zapatilla. Pero la gente seguía aplaudiendo. Y pensando, seguramente, qué pintaba allí esa chica flaca, con vaqueros viejos y un corte de pelo como el de Colón.

Después de eso no te digo que nos hiciéramos muy amigas. Nos gustaban cosas diferentes y a veces discutíamos; pero Nuria no volvió a empujarme en los partidos de baloncesto y siempre me convidaba a pastillas de café con leche. Esas que se pegan a los dientes y están tan ricas. Hasta me daba tres o cuatro para más tarde.

LA NARANJA TAMAÑO MANDARINA ya estaba perfectamente mondada. Isabel hundió en su centro los pulgares para hacer dos partes iguales.

Me ofreció una y mordió la otra sin preocuparse del jugo que le chorreaba por la barbilla. Lo arregló echando la cabeza para adelante. Así no caía sobre su camisa, sino directo al suelo. Técnica admirable que intenté copiar sin éxito. Me faltaba práctica.

Tuve que remediar mi torpeza limpiándome la blusa con un pañuelo. Daba igual. Esta nueva mancha haría compañía a la de resina, para que no se sintiera tan sola.

—Estaba buena —dije.

—Un poco pequeña —contestó Isabel, restregándose las manos con las agujas de pino.

—¿La rosquilla también se puede comer? —dije, señalando una que había en la caja.

—Estará como una piedra. Lleva tiempo ahí.

—¿Y por qué no te la comiste antes?

Isabel la ensartó en un dedo y la hizo girar dándole impulso. De ese improvisado molinillo parecían surgir sus palabras, junto con un ligero olor a fritura rancia.

4 *La rosquilla*

CUANDO vivíamos en la otra casa, con papá, dos veces por semana venía la Hilaria. Ya sé que no se dice «la» delante de un nombre de persona. Mamá siempre me regaña por eso. Pero es que todo el mundo la llamaba así. Hasta su hijo.

Bueno, en realidad Benito no era hijo suyo. Francisco, el fontanero, se había quedado viudo con el chico, y un día le oí contar mientras arreglaba un grifo:

—No era vida. Todo manga por hombro. Por eso me casé con la Hilaria. Y porque es buena mujer, claro. Pero mayormente me casé por el crío. Para que tuviera madre otra vez, sin faltarle a la que en gloria esté. Lo malo es que el condenado la hace sufrir mucho, no la obedece nunca y le suelta cada una...Y eso que la pobre se desvive por él. Le hace rosquillas para merendar, y cuando cogió un atracón de ciruelas verdes que por poco se muere, se estuvo junto a su cama sin dormir tres noches seguidas. Pues Benito sigue igual de burro. Y ya va para un año que me casé. Al principio me dije que las cosas marcharían mejor con el tiempo, pero ahora me parece que...

Yo conocía a Benito. Aunque ellos vivían bastante lejos de casa, a veces venía a jugar con sus amigos al parque que teníamos al lado. Era un chico de siete años, con el pelo tieso y los ojos juntos y negros; pero negros de verdad, no marrón oscuro, como los tiene la mayoría de la gente que dice «tengo los ojos negros». Eran negros del todo.

Un día lo encontré agachado junto a una zanja que abrieron para una obra del gas. Había llovido bastante y tenía agua. El chico revolvía ahí dentro con un palo. Le pregunté qué estaba haciendo, y me contestó:

—Busco un zapato.

—¿Ahí, en el barro?

—Claro —dijo él, como si perder zapatos en el barro fuera lo más natural del mundo—. Quise saltar la zanja y la salté. Pero el zapato se cayó.

—¡La cara que va a poner tu madre!

—¡No es mi madre! —saltó Benito de mal genio.

—Bueno, más o menos.

Él repitió como si yo fuera tonta y no entendiera nada:

—No es mi madre. Es la Hilaria.

Miré alrededor, vi una rama seca y con ella removí el barro para ayudar a Benito. Me acordé de Hilaria, que andaba encogida y tenía los ojos mojados siempre, como si fuera a llorar. Me daba pena.

—Deberías estar contento de que viva con vosotros —dije.

—¿Quién?

—La Hilaria. Ya no vas con la cara sucia.

Se encogió de hombros.

—Sin ella estábamos mejor. Le da por fregarlo todo y por meter las cosas en los cajones. Y no me deja llevar ranas a casa. Yo las cazo muy bien, ¿sabes?

Se quedó un rato pensando. Después me preguntó:

—¿Las ranas se cazan o se pescan?

Yo tampoco estaba muy segura.

—Creo que se pescan.

Seguíamos revolviendo en el barro sin encontrar el zapato.

—Como viven medio en la tierra y medio en el agua —dijo él—, no se sabe si son peces o animales.

—Animales sí que son. Los hemos estudiado en el colegio. Batracios.

Benito repitió la palabra «batracios». Para que no se le olvidara, me imagino.

Después, de mejor humor, dijo:

—Si quieres, te enseño a pescar ranas. Verás: coges una cuerda larga y le atas un trapo rojo en la punta. Como una bandera, pero no tan grande. Mueves el trapo por donde ellas andan. Lo ven, les llama la atención y las muy brutas se lo tragan. Entonces tú, ¡zas!, das un tirón y las metes en un bote. Pero no se te olvide poner la tapa, para que no se escapen. Y con agujeros, para que no se ahoguen. Yo una vez tuve diez en casa. Les echaba lombrices y las ranas engordaban que para qué.

Pero vino la Hilaria, empezó a barrerlo todo, y un día que se rompió un bote y la rana salió dando brincos me dijo que no llevara más —frunció la nariz y las cejas—. Siempre se mete donde no la llaman. Y es vieja y fea.

Esto lo dijo como si fuera el motivo principal para tenerle manía.

La Hilaria no era vieja. Representaba más edad porque tenía muchas arrugas, como la gente que trabaja siempre al sol, y los ojos llorosos. Tampoco era guapa, es cierto. Lo que más me llamaba la atención eran sus manos, tan coloradas y tan grandes que no le pegaban a su cuerpo pequeño.

El zapato apareció en la punta de mi rama. Se lo acerqué a Benito y le dije:

—Cuando llegues a tu casa, ponlo a secar lleno de papel de periódico.

Es lo que mamá me había enseñado que se hace después de una mojadura. A él no le interesó nada y se fue con el zapato colgando del palo.

Un mes después, Hilaria llamó diciendo que no podía venir a trabajar porque Benito estaba malo. Se había caído de un árbol. Por la tarde fui a llevarle unos tebeos y, de parte de mamá, un tarro de mermelada.

Hilaria, al verme, se quedó como si fuera a visitarla el Papa. Me hizo pasar, muy nerviosa, secándose las manos en un delantal de rayas.

Fuimos por un pasillo de baldosas marrones que parecía recién fregado. Al menos, no se notaba ni una pisada y olía a jabón y lejía.

Benito estaba en el comedor, sentado en un si-
llón de mimbre, con la pierna estirada sobre una
silla y cubierta con una manta zurcida y limpia.

Le di la mermelada y los tebeos.

—No tenías que haberte molestado —dijo Hilaria, que seguía restregándose las manos con el delantal aunque ya las tenía más que secas.

Benito no se andaba con cumplidos; pero al ho-
jear los tebeos chilló:

—¡De Supermán! ¡Los que más me gustan! —de
pronto levantó la cabeza y preguntó—: ¿Te ha dicho mi madre que por poco me muero?

No me llamó la atención que exagerara tanto,
sino que llamara «madre» a Hilaria.

—Si en vez de caer de pie se cae de cabeza...
—suspiró ella—. No quiero ni pensarlo.

Luego dijo que nos iba a preparar merienda y,
como empezaba a oscurecer, antes de salir del comedor encendió la luz.

Benito estaba muy ocupado con los tebeos y yo
me puse a mirar lo que había en el cuarto.

En medio de la mesa, un plato de cristal verde
con frutas. Parecían de verdad, pero no podía ser
porque tenía unas cuantas cerezas y estábamos en
noviembre. Me acerqué a tocarlas. Eran de cera.

Sobre el aparador vi una caja cubierta de conchas que ponía «Recuerdo de La Toja», y al lado,
cinco copitas rodeando una botella de licor sin tapón. La copa número seis y el tapón se habrían
roto.

Encima de la tele, un tapete de ganchillo y un

jarrón con gladiolos de plástico. Colgado en la pared, un retrato grande, en colores.

Representaba a una chica joven, sonriente, con un mantón de Manila que le dejaba un hombro al aire. Mi abuela tiene uno parecido, bordado con flores y chinitos, que se ponía para ir a las verbenas. Cuando está de buen humor, me cuenta cómo eran. Y me gusta, porque yo nunca he ido a las verbenas.

El mantón del retrato era todavía más bonito, con rosas del tamaño de repollos y mariposas entre medias.

La chica llevaba también un sombrero negro de ala ancha, de esos andaluces, torcido sobre una oreja. Y en la otra, un clavel rojo.

Tenía las manos, pequeñas y blancas, apoyadas en la cintura más fina que he visto nunca.

Benito levantó la cabeza de los tebeos y, al darse cuenta de lo que yo estaba mirando, dijo:

—Es mi madre cuando era joven.

Pensé que hablaba de su madre verdadera, la que había muerto. Quise asegurarme.

—¿Tu madre?

—Sí, la Hilaria. Qué guapa, ¿no?

—Muy guapa —contesté hecha un lío.

—Ese retrato —siguió diciendo Benito— lo tenía guardado en un baúl. Lo vi el otro día, cuando ella estaba buscando no sé qué cosa.

—¿Y cómo supiste que era la Hilaria?

—Porque se lo pregunté. Primero no me contestó. Me parece que le daba vergüenza; pero después me dijo: «Soy yo, hace muchos años». Entonces le pedí que lo pusiera aquí, para que todos vean que era como las artistas de cine.

Benito lo dijo contento y orgulloso, pero a mí no me convencía.

Aprovechando que volvió a leer el tebeo, me acerqué más al retrato. Tenía cristal por encima y, en vez de marco, una tira de papel dorado que empezaba a despegarse en una esquina. Por ahí asomaban unas letras.

Yo sabía que estaba mal, pero no me pude contener y tiré del papel. Entonces leí: «La Jerezana. Aceite de oliva virgen».

Hilaria entró trayendo una bandeja con dos tazas que humeaban y una fuente de rosquillas. Apreté corriendo el papel contra el cristal, pero ya no le quedaba goma y se volvió a despegar.

Ella se paró y se quedó mirándome con sus ojos llorosos. Me sentí como un gusano.

—¿Es chocolate? —preguntó Benito tirando a un lado los tebeos.

—Sí, hijo.

Hilaria puso una taza en la mesa y la fuente de rosquillas. La otra la dejó en la bandeja para colocarla sobre las piernas del chico.

Yo no veía el momento de marcharme, pero no sabía cómo. Para colmo, probé el chocolate y estaba hirviendo.

—Y rosquillas, ¿no me das? —protestó Benito.

—Sí, claro.

Le puso tres o cuatro en el platito, distraída. Soplé sobre el chocolate y, para acabar más pronto, me lo fui tomando a sorbos, haciendo ruido. Si me ve mamá, se le ponen los pelos de punta. Naturalmente, me quemé la lengua. Tres días estuve sin sacarle sabor a la comida.

Por fin dije:

—Me tengo que ir. Es tarde.

Benito, con la boca llena, dijo:

—Quiero que me firmes la escayola —se quitó la manta, sosteniendo la bandeja con una mano, y me enseñó la pierna que se había roto—. Ya han firmado mis compañeros, ¿ves?

Casi no quedaba sitio en la escayola para otro nombre. Porque, además, habían pintado un coche de carreras, un caballo, un perro y un árbol con alguien cayéndose de cabeza; Benito, seguramente.

Puse «Isabel» con un bolígrafo que él me dio y con muy mala letra. Es difícil escribir en un sitio así y, sobre todo, estando tan nerviosa como yo estaba.

Hilaria salió conmigo. Al llegar a la puerta me preguntó:

—No se lo vas a decir, ¿verdad?

Me hice la tonta.

—¿Qué?

—Lo del retrato.

Tragué saliva y contesté mirando al suelo.

—Le dije la verdad. Que eras muy guapa.

Esta vez sí cayó una lágrima de esas que parecían no salir nunca de sus ojos. Se la espantó con una mano grande y colorada. Y de golpe, como si se hubiera dejado algo al fuego, dijo:

—Espera.

Era casi de noche. Por las ventanas de las casas vecinas se veía gente que preparaba la cena, ponía la mesa o miraba la televisión.

Hilaria apareció de nuevo, corriendo, con una bolsa de plástico de las que dan en los supermercados.

—Toma, no has comido ninguna. Y que las pruebe tu madre.

La bolsa abultaba bastante. Creo que había puesto todas las rosquillas que hizo. Al llegar a casa, antes de dárselas a mamá, saqué una, le sacudí el azúcar que tenía por encima y la guardé en la caja. A un ladito, para que no manchara las demás cosas.

—ME PARECE QUE SÍ HA MANCHADO —dije, mirando uno de los sobres donde se apreciaba un redondel aceitoso.

—¡Bah! —dijo ella—. No me importa. Ni sé por qué guardo esas cartas.

—Porque son de tu padre, ¿no?

Ella se llevó el índice a la boca en busca del pellejito que antes, por lo visto, no había logrado arrancar. La respuesta tardó más de lo necesario.

—Sí. Pero en todas dice lo mismo: que va a venir, y luego no viene nunca.

—¿Y en la que está cerrada?

Isabel examinó detenidamente su dedo.

—Prefiero no enterarme. Dirá que esta vez tampoco viene.

El sol empezaba a descender en su camino hacia el mar, pero aún le faltaba mucho para alcanzarlo.

Saqué de mi cesta la caja de dátiles. Era de cartón, ovalada, con un camello y un grupo de palmeras pintados en la tapa. Muy propio. La abrí, retiré un papelito de celofán y la ofrecí a mi compañera.

Hizo un gesto de rechazo.

—No —en seguida cambió de idea—. Bueno, uno.

Mientras lo masticaba, hizo con el dedo, en la tierra, un agujerito. Yo miraba una llave pequeña, muy historiada, que descansaba en la caja junto a la poesía.

—¿Es la de tu casa? —pregunté. Decidida a enterarme de todo, cometía una torpeza tras otra. Aparentes, al menos, porque era evidente que esa llave no podía abrir una puerta normal.

Isabel echó en el agujero el hueso del dátil y contestó con tono fatigado:

—Es la de una vitrina.

Cruzó las piernas, juntó las manos en el regazo, joven Buda que se digna contar una historia al importuno discípulo.

5 *La llave*

¿VES aquella casa? La que está en la punta de la playa, casi metida en el mar. La llaman «la casa del inglés» y es la más bonita del pueblo. Dicen que la hizo un extranjero millonario que recorrió medio mundo y murió aquí de viejo. Pero no desapareció del todo. Al menos, eso es lo que cuenta Leonardo, el de la tienda. Él ha visto el fantasma del inglés asomado a la ventana y mirando los barcos con un anteojo larguísimo.

Aquí, en el pueblo, tengo una amiga, Eulalia. Una vez, Leonardo nos contó que estuvo en África cazando canguros. Y después nos enteramos de que en África no hay canguros. No hay que hacerle caso.

Sin embargo, lo del fantasma, si te digo la verdad, nos tenía intrigadas. A mi primo Lito también, porque un día que no se me ocurría otra cosa se lo conté. Pensábamos que debe de ser emocionante econtrarse con uno. Da miedo y al mismo tiempo apetece, algo así.

La casa estuvo vacía muchos años, pero al principio de este verano se corrió la voz de que venía a vivir un nieto del inglés o lo que fuera, porque aquí le dicen inglés a cualquiera que sea rubio.

¡Se armó un revuelo...! Unos decían que era más rico que su abuelo; otros, al contrario, que estaba arruinado y por eso se venía al pueblo. Leonardo tiene otra teoría: que no es el inglés ni su nieto, sino el fantasma, harto de esconderse y con ganas de vivir por fin como la gente.

Al hombre o al fantasma era difícil verlo. No salía ni para comprarse comida. La pedía por teléfono y Leonardo se la dejaba en una cesta, junto a la puerta del jardín. Más tarde volvía a recogerla y encontraba el dinero dentro.

Eulalia y yo pasamos muchas veces delante de la casa, por si en una de esas aparecía; pero nada. Un día venía también Lito, que se me pega siempre que puede, y puede siempre porque no tengo valor para darle cuatro gritos.

—Lo estamos haciendo mal —dijo Eulalia.

—¿Por qué? —le pregunté—. No vamos a llamar al timbre.

—Para entrar en las casas hay que llamar al timbre —dijo Lito.

Las dos lo miramos de una manera que no le quedaron ganas de dar más ideas.

—Lo que tenemos que hacer —explicó Eulalia— es venir a la hora de la cesta y espiar escondidos hasta que salga a recogerla. Porque recogerla, la recoge.

—¿Cómo estás tan segura? —pregunté sin pensarlo.

—Porque si no, ya se hubiera muerto de hambre.

Tenía toda la razón.

Leonardo llevaba el pedido a eso de las doce de la mañana. Nosotros tres, poco antes de esa hora, nos escondimos detrás de unas adelfas que crecen frente a la casa, del otro lado de la carretera.

Un rato después de que Leonardo dejara la cesta junto a la valla, se abrió despacio la puerta de la casa. Apareció un hombre bastante mayor, cargado de hombros, barrigudo, con la nariz larga y gruesa.

—Parece el oso hormiguero que viene en mi libro de ciencias —dijo Eulalia.

Desde entonces lo llamamos así.

Miró a los dos lados antes de decidirse a salir, y al ver que no venía nadie atravesó el jardín, tambaleándose, como si estuviera aprendiendo a andar.

Cuando llegó donde estaba la cesta, la cogió con mucho trabajo. Le costaba agacharse.

Justo en ese momento, a Lito se le ocurrió estornudar. Un estornudo igual al maullido de un gato cuando le pisan la cola. Y otra vez, y otra, y otra.

—Apriétale la nariz —aconsejó Eulalia.

Lo hice y sí, era un remedio muy bueno. Lito dejó de estornudar. Sólo que se iba poniendo violeta.

Le solté la nariz. Ya daba igual porque el Oso Hormiguero, que no era tonto ni sordo, se había dado cuenta de que alguien espiaba detrás de las adelfas, y no precisamente un gato.

Se volvió a agachar con cara de dolor. Para mí que le fallaban los huesos. Esta vez fue para coger una piedra con la mano que tenía libre. La tiró con buena puntería. Si Eulalia no la esquiva a tiempo, le saca un ojo. Luego se metió en la casa.

Ya sabíamos algo del nuevo habitante del pueblo: que parecía un oso hormiguero y que tenía mal genio.

Por eso nos preocupamos cuando Antonia nos dijo que iría a limpiar allí. Se quedó viuda hace poco con dos niños pequeños y tiene que trabajar. Es pariente de la madre de Eulalia y viven puerta con puerta.

—¡Qué bien! —dijo Lito cuando supo que Antonia entraría en la casa misteriosa—. Nos dirá si hay o no hay fantasma.

Unos días después, ella nos contó lo que había visto. De fantasmas, nada.

—Pero hay cosas preciosas: cuadros, jarrones, figuras de porcelana, bandejas de plata, una vitrina llena de muñecos...

Eulalia la interrumpió.

—¿Qué clase de muñecos?

—Creo que mecánicos. A todos les asoma una llave por algún sitio y tienen ranuras en el cuello, las rodillas, los codos... Supongo que para poder moverse.

—Cuando vayas otra vez —dijo Lito—, coges uno y le das cuerda. A ver qué pasa.

La vitrina está cerrada —explicó Antonia—. Y el señor nunca me dijo que limpiara dentro. Así están los pobres muñecos, perdidos de polvo. También hay un mueble negro y con teclas.

—Será un piano —dije.

—No. Los que yo conozco hay que tocarlos para que suenen. Éste toca solo.

Nos miramos pensando que habíamos descubierto algo importante, pero el único que se atrevió a decirlo fue Lito.

—¡El fantasma!

Antonia, no sé si en serio o en broma, dijo:

—Puede. Pero yo nunca lo he visto. Se ve que no sale en horas de trabajo.

Teníamos unas ganas locas de entrar en la casa. Si el dueño hubiera sido de otra manera, lo normal sería hacerle una visita de buenos vecinos; pero con el genio que tenía, podía echarnos de nuevo a pedradas.

Hasta que Eulalia vino con la noticia.

—El Oso Hormiguero se va por tres días. Le ha dejado la llave a Antonia y yo sé dónde la guarda. ¿Comprendéis?

Comprendíamos. Era la ocasión de entrar tranquilamente.

No para hacer nada malo. Sólo para curiosear.

—¡Yo tocaré el piano! —dijo Lito muy contento.

—¿Tú? ¡Si no sabes!

—¿Y qué? Si hasta un fantasma lo toca, no será tan difícil.

Fuimos una tarde que no había nadie por la calle porque estaba lloviendo. Así era más fácil que no nos vieran. Entramos en el jardín, que más bien era una selva descuidada, sólo con empujar la puerta. Y en la casa, que tenía rejas en las ventanas, usando la llave que Eulalia había cogido de la cómoda de Antonia.

Dentro no se veía nada. Unas cortinas de terciopelo verde no dejaban pasar la luz.

—¿Las corremos? —preguntó Eulalia.

—No, que nos pueden ver de fuera —contesté. Y encendí una lámpara que estaba sobre una mesa baja.

Es cierto que los cuadros son muy bonitos. A mí me gustó sobre todo uno de una señora con un perrito blanco y lanudo en los brazos. En otro se veía a un hombre rubio, de nariz larga y gruesa como la de nuestro Oso Hormiguero. Sería su abuelo, el inglés.

También vimos las figuritas de porcelana y las bandejas de plata, pero no nos llamaron mucho la atención. El piano, sí.

Levanté la tapa con cuidado. Tenía teclas iguales a las de todos los pianos. Lito apretó una. No se oyó nada.

—Aprieta más fuerte —le dijo Eulalia, sin atreverse a hacerlo ella.

Mi primo obedeció, bastante impresionado. Tampoco esta vez oímos nada.

Abajo, donde los pianos que conozco tienen dos pedales de metal, ése tenía otros distintos, más anchos y negros.

Me senté en el taburete que estaba al lado y empujé los pedales con los pies. Uno, otro, uno, otro... En seguida las teclas empezaron también a subir y bajar. Al mismo tiempo sonaba una bonita música.

Lito estaba admirado.

—¡Qué bien tocas!

—No soy yo —contesté sin levantar la voz.

—¿Es el fantasma?

Dejé de mover los pies y, lo que me imaginaba, la música ya no se oyó.

—¡Ah! —dijo Lito más tranquilo—. Son tus pies los que tocan.

Era muy divertido. Más de prisa apretaba los pedales, más de prisa sonaba la música.

Eulalia y Lito probaron después. Se nos había olvidado que si alguien pasaba por la calle se daría cuenta de que estábamos ahí dentro.

Cuando nos cansamos de tocar ese piano tan raro, Eulalia y yo fuimos a mirar los muñecos. Lito, no. Había descubierto que el taburete tenía ruedas y corría de una punta a otra de la habitación empujando con el pie, como si fuera un patín.

Los muñecos eran preciosos. Había un payaso que sujetaba dos platillos, una bailarina que se sostenía en un solo pie, un marinero que tocaba el acordeón y muchos más. Lástima que no podíamos cogerlos y jugar con ellos. No nos imaginábamos lo que estaba a punto de pasar.

Lito, cada vez más entusiasmado con el taburete, levantaba un brazo en el aire girándolo igual que los vaqueros cuando van a tirar el lazo.

—No es un caballo —le dije—. Te vas a caer.

Tenía que habérselo dicho antes. Lito le dio un impulso más fuerte y, ¡zas!, se estrelló contra la vitrina.

Sonó un ruido tremendo y el suelo se cubrió de cristales rotos. Me quedé helada. Miré a mi primo por todas partes para ver si se había hecho daño. Sólo tenía un pequeño corte en la frente con una gotita de sangre en medio.

Se lo limpié con un pañuelo que llevaba por casualidad y le dije:

—¡Eres un desastre! Nunca más te dejaré que vengas conmigo a ninguna parte. ¡Nunca más en la vida!

—¿Ni dentro de cien años? —me preguntó haciendo pucheros.

—¡Ni dentro de cien mil!

Estaba furiosa; pero casi me hace reír cuando dijo:

—Al menos ahora podemos saber si los muñecos se mueven de verdad.

Sí. Era un consuelo.

—¡Nada de eso! —dijo Eulalia—. Tenemos que marcharnos. Seguro que alguien ha oído el ruido del porrazo.

Me acerqué a la ventana y corrí un poco la cortina de terciopelo verde.

—Sigue lloviendo. No pasa nadie.

Los tres pensábamos lo mismo. Empujamos con los pies los trozos de vidrio hasta formar un montón bajo la mesa. En seguida, después de fijarnos si no quedaba ninguno, nos sentamos en el suelo.

Era emocionante tener los muñecos así, al alcance de la mano. Yo cogí la bailarina que se sostenía en un solo pie, y Lito, el payaso de los platillos. Eulalia no cogió ninguno. Estaba preocupada.

—¿Y si le echan a Antonia la culpa de haber roto la vitrina?

—¿Por qué?

—Es la única que tiene la llave de la casa y la puerta no está forzada.

—Bueno, pues... se le ha podido romper al limpiarla. Eso pasa muchas veces.

—Pero ella dirá que no ha sido, porque no ha sido —dijo Eulalia con razón—. Y sabiendo el genio que tiene el Oso Hormiguero..., lo mismo se la hace pagar.

Lito se portó como un valiente.

—Diré que he sido yo.

—Diremos que hemos sido nosotros —afirmé, pensando que la culpa, repartida entre tres, toca a menos.

Eulalia cogió un enano vestido de rojo, con barba blanca. Por el momento, ya no nos preocupaba más el asunto. Sólo nos interesaban los muñecos. Todos, como había dicho Antonia, tenían una llave. En cuanto les dimos unas cuantas vueltas, empezaron a moverse.

El payaso de Lito tocaba los platillos, el enano de Eulalia hacía cabriolas y mi bailarina daba vueltas y movía los brazos imitando el aleteo de un pájaro.

Uno tras otro les dimos cuerda a todos y los pusimos en fila. Era estupendo verlos. Y oírlos, porque cantaban, silbaban, tocaban instrumentos y un viejo pirata echaba la cabeza para atrás y se reía a carcajadas.

Ya no nos acordábamos de que se hacía tarde y debíamos marcharnos. Estábamos embobados con esos muñecos que veíamos por primera vez.

—Yo me quiero llevar el payaso a casa —dijo Lito.

Cómo lo miraría que cambió de idea.

—Bueno..., les voy a pedir a los Reyes uno igual.

Los muñecos formaban un concierto que no se entendía muy bien, pero de lo más alegre. Nosotros los acompañábamos haciendo palmas y cantando algunas de sus canciones al mismo tiempo que ellos.

En medio de todo ese barullo oímos una voz que sonó como una bomba a nuestras espaldas.

— ¿Qué estáis haciendo aquí?

Volvimos la cabeza poco a poco, casi sin respirar. No podía ser nadie más que él.

Era él. Y desde ahí abajo parecía más grande, enorme. ¿Qué podíamos decir para disculparnos? Lo mejor, la verdad. Queríamos tocar el piano y saber si andaba por ahí el fantasma. No eran cosas tan malas. Y explicarle que lo de la vitrina había sido sin querer. Lo creería, cuando viera la brecha en la frente de Lito. Ahora, que, si pretendía pegarnos, nos defenderíamos. Él era más grande, pero no se podía mover de prisa. Nosotros, sí. Escaparíamos antes de que nos atrapara. Luego, en casa, diríamos que...

No pude seguir pensando. El hombre daba unos pasos, se acercaba. Era el momento de levantarse y salir corriendo. Un paso más y...

Pero ¿qué miraba? A nosotros, no. Miraba como un pasmado otra cosa. No podía creerlo. ¿Eso le llamaba tanto la atención?

Dio dos pasos más y se sentó en el suelo, con mucha dificultad, junto a nosotros. Pasado el primer susto, casi nos echamos a reír. El hombre miraba a los muñecos, que seguían moviéndose y haciendo ruido, como un oso hormiguero de verdad delante de un tarro de miel.

Abría la boca de oreja a oreja y repetía, con esa voz de tormenta:

—¡Qué bonito! ¡Qué bonito!

No comprendíamos por qué no se enfadaba con nosotros por estar ahí sin permiso y por haberle destrozado la vitrina. Y por qué le llamaban tanto la atención unos muñecos que eran suyos de toda la vida.

El hombre, después de un rato, se dio cuenta de que existíamos. Un poco cortado, explicó:

—Es la primera vez que los veo funcionar.

—¿De veras?

—Sí. Eran de mi abuelo.

—¡El inglés! —chilló Lito.

—Era austriaco —dijo el hombre—. Los fue comprando en sus viajes por todo el mundo y no me dejaba jugar con ellos. Decía que los iba a romper. Por eso escondía la llave de la vitrina. Una vez se la cogí y me pilló sacando los muñecos. Se puso furioso, los guardó de nuevo, cerró y tiró la llave al mar. Mi abuelo era así.

—¿Y nunca más los sacaste? —preguntó Eulalia.

—Nunca más.

—¿Por qué?

No lo entendíamos. Y él, creo que tampoco. Meneó la cabeza.

—No sé. Tanto me habían dicho que estaba prohibido que nunca más me atreví a tocarlos. Ni siquiera ahora que el abuelo ha muerto y que yo soy casi tan viejo como era él entonces. Y me gustan... —dijo, mirando de nuevo a los muñecos—. Me gustan mucho.

En vista de que el Oso Hormiguero no era tan malo como creíamos, le fuimos cogiendo confianza.

—¿No ibas a estar fuera tres días?

Él bajó la cabeza.

—Sí.

—¿Y por qué has vuelto antes?

Tardó en contestar. No le gustaba explicarlo.

—Porque... tenía que ir al médico. Me mandó un análisis de sangre. Y cuando vi a la enfermera con la aguja en la mano...

Le daba vergüenza; pero nosotros lo comprendíamos perfectamente.

—Te desmayaste —dijo Lito.

—No —contestó él—, pero estuve a punto. Por eso volví a casa antes de tiempo.

—¿Y el análisis? —pregunté.

Él se quedó callado, con más vergüenza que antes.

—Si quieres, la próxima vez te acompañamos. Así no tendrás miedo.

Me miró sonriendo.

—¿De veras?

—Yo acompañaba a mi padre siempre que tenía que ir al dentista. Si no, no se decidía. Le hablaba de otra cosa para que se distrajera. Eso es lo mejor: pensar en otra cosa.

—¡Muy bien! Y después nos vamos los cuatro al circo. He visto uno anunciado en la ciudad. ¿Os gusta el circo?

Qué pregunta. Contestamos que sí bien fuerte.

—A mí también. Pero mi abuelo no dejaba que me llevaran. Decía: «No sea que le dé por ser equilibrista».

Eulalia se quedó pensando y preguntó:

—¿Qué tiene de malo ser equilibrista?

No lo comprendíamos. Hay muchas cosas que no comprendemos. Demasiadas.

El payaso iba perdiendo fuerza. Tocaba los platillos cada vez más despacio.

Lito lo cogió y, mientras le daba cuerda, dijo:

—A mí lo que me parece es que tu abuelo era un rato *muermo*.

Franz no se enfadó. Al contrario, le entró la risa. Porque su nombre es Franz. Desde entonces lo llamamos así y no Oso Hormiguero. Estaría feo, siendo amigos como somos.

Lo acompañamos a la clínica, fuimos al circo, comimos helados. Ahora, hasta viene con nosotros a la playa, a buscar conchas.

Nos explicó que el piano toca solo porque es una pianola, y que el fantasma fue un invento de su abuelo para que nadie se atreviera a entrar en la casa.

La semana pasada me dio algo con mucho misterio.

—He mandado arreglar la vitrina, y si algún día..., bueno, si algún día ya no estoy, quiero que te lleves los muñecos y te los quedes para siempre.

Le pregunté por qué había pensado eso, y me contestó después de rascarse la punta de su gran nariz:

—Porque hay que ver lo bien que cuentas el descubrimiento de América cuando uno espera que lo pinchen.

Y me dio la llave de la vitrina. Esta llave.

ISABEL TOMÓ OTRO DÁTIL de la caja, lo saboreó y dejó el hueso junto al anterior. Le pregunté algo que me tenía intrigada.

—¿Por qué le contaste eso al Oso Hormiguero, quiero decir a Franz, mientras esperabais en la clínica?

—Fue lo único que se me ocurrió. Yo estaba tan nerviosa como él. Además, ya sabes que Colón y yo...

Se llevó una mano al pelo sonriendo con los ojos, burlándose de ella misma. Luego se puso boca abajo, apoyada en los codos, y tomó un puñadito de tierra que allí, junto al mar, se mezclaba con arena. La fue dejando caer, en un chorro fino, de una mano a la otra.

Al cabo de unos minutos, preguntó:

—¿Tú crees que el mundo cabe en un grano de arena?

—O en una caja de polvorones, quién sabe.

—Lo leí una vez. Sería bonito, ¿no? Todo el mundo, que nos parece tan grande, dentro de algo tan pequeño.

—Puede ser. Todo puede ser.

El sol se acercaba al horizonte. Si lograba que Isabel se quedara conmigo un rato más, veríamos juntas el famoso crepúsculo de Torrenueva. Quizá sirvieran de pretexto unas gafas pequeñas, redondas, de montura metálica y plateada, sin cristales, que estaba viendo en la caja.

—¿Has tenido que usar gafas alguna vez?

—No —dijo ella sin cambiar de postura—. Son las de Rafael.

Contó su historia con la mirada fija en los granos de arena, como si quisiera descifrar su enigma.

6   *Las gafas*

PAPÁ siempre me traía muchos regalos. Hacía un poco de misterio antes de dármelos.

—¿A que no sabes qué hay aquí?

La forma del paquete me daba la pista; pero a él le gustaba tanto ese juego que yo, aunque estuviera segura de lo que era, contestaba cualquier otra cosa.

—Un sacapuntas.

—Frio, frío...

—Un bolígrafo.

—¿Pero no ves que es algo más grande?

—Entonces... un libro.

—Frío.

—¿Una tableta de turrón?

—No estamos en Navidad, pero... caliente, caliente...

—¡Ya sé! ¡Chocolate!

—¡Te quemas!

Al final, papá se quedaba tan contento como si el regalo hubiera sido para él. O más.

Un día me preguntó «¿A que no sabes qué tengo aquí?», con la mano en el bolsillo del abrigo.

No era fácil de adivinar. Contesté «pegatinas, caramelos, una libreta de apuntes...». Nada.

—Me rindo —dije.

Papá, encantado, sacó del bolsillo una bolita peluda, blanca con manchas canela. Al ver la luz se movió y soltó un grito débil, no sé si de alegría o de susto.

Me puse como loca.

—¡Un perrito!

A mamá no le hizo ninguna gracia. Yo creía que le gustaban los animales. Y a lo mejor sí le gustaban, sólo que entonces papá y ella discutían por todo y estaba de mal humor.

Levantó los ojos de la revista que leía y dijo:

—Yo no pienso ocuparme de él. Además, ¿para qué sirve un perro tan pequeño? Ni para cuidar la casa. Y te habrá costado un dineral.

—No será siempre pequeño —contestó papá, pasando por alto lo del dineral.

—Yo le daré de comer y lo sacaré de paseo —dije.

Mamá sonrió como si lo dudara y siguió leyendo.

—Tenemos que buscarle un nombre —dijo papá—. ¿Qué te parece «Atila»?

—No —contesté—. Un perro tan bueno no puede llamarse así.

—¿Cómo sabes que es bueno? —preguntó mamá.

Tenía que convencerla. Si llega a decir que no lo quiere en casa, me muero.

—Se nota en seguida. No hay más que verlo.

Papá siguió con su idea.

—Puede ser bueno y llamarse Atila.

Yo protesté.

—No. Atila era un tío odioso. Donde ponía el pie no volvía a crecer nada. Ni ortigas.

Mamá, aunque parecía no atender a la conversación, dijo:

—De pequeña tuve uno que se llamaba Toby.

Papá y yo nos miramos. Ese nombre no nos gustaba; pero para tenerla contenta y que no pusiera más pegas, el perrito se quedó con Toby.

Ya era bastante grande cuando mis padres se separaron. Mamá volvió a trabajar, como de soltera. Le costó mucho encontrar un empleo. Dice que es más difícil para las mujeres, sobre todo si han dejado de trabajar durante años. Por eso siempre me dice: «Estudia, estudia. Si no, tendrás que depender de alguien toda la vida. Y no te gustará».

Puede ser. Pero lo que menos me gustó fue eso, que se separaran. Hasta les cogí manía. Se podían haber entendido, hablar las cosas. Y a veces también pienso que yo tuve algo de culpa. No sé bien por qué. A lo mejor porque no estudio bastante o por contestar mal. No sé.

Ahora tenemos que vivir de lo que mamá gana, porque de papá no quiere nada. Y eso que él gana mucho allá, en Alemania. Nosotras nos hemos mudado a un barrio más barato y más nuevo. Vivimos en un quinto piso pequeñito. A mí eso me da igual. Lo malo fue dejar el colegio, los compañeros. Y la casa que se llamaba como yo. Mi casa. Ya no podemos tener conejos, ni rosales, ni cáscaras de nuez que parecen barcos. Lo único que no echo de menos es el pez de la fuente. Siempre me cayó mal.

Bueno, te estaba hablando de Toby. Desde que nos mudamos lo llevo a pasear a la plaza. Es nueva, como el barrio. Por eso no tiene árboles grandes. Sólo unos cuantos con el tronco delgaducho envuelto en alambre de rejilla, para que el viento no los parta.

La primera vez que fuimos allí, una chica me preguntó cómo se llamaba el perro. Se lo dije y ella se echó a reír.

—Yo no podría ponerle ese nombre a mi perro —dijo.

—¿Por qué?

—Porque el novio de mi hermana es alemán, se llama Tobías y le dicen Toby.

—¿Y qué?

—Mi hermana se enfadaría. Es muy rara.

Hace poco, en la plaza, andaba un muchacho de nariz aplastada que va con un perro grande y negro. Se llama Pipo. El perro. El muchacho se llama Rogelio.

Me preguntó si Toby sabe comer de la mano izquierda. No le entendí.

—Verás —explicó Rogelio haciéndose el importante—. Hay que enseñarles que cojan solamente lo que les das con la mano izquierda, para que no coman lo que les dé cualquier desconocido. Puede ser una porquería o veneno, quién sabe.

—¿Y los desconocidos siempre dan la comida con la mano derecha?

—Es lo más corriente.

Pipo miraba a Toby con cara de malas intenciones.

—Si quieres, le enseño —dijo Rogelio.

—No —le contesté—. Toby es tan tragón que comería veneno que le dieran con cualquiera de las dos manos.

En ese momento llevaba la lengua fuera. Tenía sed. Fuimos hasta el quiosco donde venden bebidas, helados y cosas para picar. No me atrevía a pedir únicamente un vaso de agua, así que antes compré un paquete de palomitas de maíz.

Me pusieron delante un vaso sin platito debajo. No se andan con finuras. A mí me daba igual, pero me hubiera hecho falta el plato para echarle de beber a Toby. No le iba a dar en el vaso.

Entonces apareció el chico de las gafas. Ya lo había visto por allí otras veces. Siempre solo. Era alto, con la cara estrecha y el pelo alborotado. Llevaba una camiseta y un pantalón agujereados, y las zapatillas se le salían de los pies de grandes que le estaban. Seguro que no las habían comprado para él. Y gafas. Unas gafas de cristales tan gordos que los ojos apenas se le veían detrás.

También me acordaba de haberlo visto a la puerta del mercado vendiendo bayetas y bolsas para la basura. Debía de ser vergonzoso o asustadizo, porque nunca decía nada ni se juntaba con los otros muchachos.

Cogí el vaso y eché agua en mi otra mano para que Toby bebiera; pero no le llegaba ni para un lametazo. El chico, que nos miraba, se acercó y puso sus dos manos juntas hacia arriba, formando un cuenco donde cabía agua suficiente para que Toby se quedara a gusto. Después se las secó en los pantalones.

Para mostrarle mi agradecimiento, abrí el paquete de palomitas y se lo alargué. Él hizo que no con la cabeza.

De repente, Rogelio, que no sé por dónde andaba, se me plantó al lado.

—Yo sí quiero —dijo—. Y Pipo también.

No me apetecía nada convidarlos. A ninguno de los dos. Rogelio, con cara de guasa, estiró el brazo para coger el paquete y yo lo defendí alzándolo por encima de la cabeza.

En eso, Pipo soltó unos ladridos y salió disparado detrás de un gato color café con leche. Rogelio lo persiguió gritando:

—¡Pipo! ¡Ven aquí, Pipo!

Ni caso. No estaba tan bien amaestrado como presumía su dueño. Me eché un puñado de palomitas a la boca. Era divertido ver al gato corriendo en cabeza de la fila, con Pipo y Rogelio detrás.

Lo que no me hizo ninguna gracia fue que a Toby se le ocurriera unirse a la espantada y mucho menos que alcanzara a Rogelio mordiéndole un tobillo. Casi me atraganto.

El muchacho se tiró al suelo, quejándose. El

chico de las gafas y yo fuimos a ver qué le había pasado.

El mordisco no era nada: dos puntos rojos y ni siquiera salía sangre; pero él chillaba como si lo mataran. Toby daba saltos a su alrededor, moviendo el rabo. Creo que esperaba un premio.

Un viejecito que llevaba un periódico bajo el brazo se acercó.

—¿Te duele mucho, hijo?

Rogelio se revolcaba con grandes gestos de sufrimiento. No me preocupé. Los jugadores de fútbol hacen lo mismo y en seguida se levantan tan campantes.

Una señora que iba con una muchacha muy parecida a ella señaló a Toby.

—¿De quién es este perro?

Para no meterme en líos me quedé callada.

—Puede que sea un perro vagabundo —opinó el viejecito.

Rogelio sabía que no, pero seguía dando voces. Le encantaba llamar la atención y que la gente se amontonara a su alrededor.

Se oían preguntas, comentarios, consejos.

—Hay que llevarlo a una farmacia.

—Mejor, al hospital.

—Eso. Para que le pongan la inyección del tétanos —dijo la señora.

—No, mamá. En estos casos se pone la inyección de la rabia.

Al oír la palabra «rabia», Rogelio chilló más fuerte.

Un señor de pelo canoso, bigote finito y con una insignia en el ojal se puso a dar órdenes como un capitán de barco.

—¡Rápido! ¡A la casa de socorro!

—Muy bien —dijo la señora—. Antes de que el chico se desangre o se vuelva rabioso.

—No seas exagerada, mamá.

El señor del bigote seguía mandando:

—Los demás a la comisaría, a declarar.

—Yo no puedo —dijo la chica—. Me espera mi novio.

—Que espere. Usted es testigo y tiene que colaborar con la justicia.

Ella se quedó impresionada.

—¿Y el perro? —preguntó el viejecito mirando a Toby, que seguía ahí como si la cosa no fuera con él.

Silencio. Pensaban que si había sido capaz de morder a uno, podía morderlos a todos.

—¡Que vengan los laceros! —dijo el señor.

Hasta ahora mandaba mucho pero no hacía nada. Menos mal, porque lo que dijo me dejó sin respiración. La gente se distrajo con Rogelio, que se levantó andando a la pata coja y quejándose sin ganas.

El señor, esta vez, decidió hacer algo. Miró a un lado y a otro, descubrió la cabina de teléfonos que estaba frente a la plaza y cruzó andando de prisa. Los laceros no tardarían en llegar.

Las rodillas me temblaban. Estaba nerviosísima. No sabes lo que es. Una lata. Supongo que lo he

91

heredado de mamá. La boca se seca, el estómago se revuelve, todo se ve borroso y, si quieres hablar, no te sale la voz.

Alguien me tocó en la espalda. Era el chico de las gafas. Agachado entre tantas piernas de persona mayor, me hacía señas para que lo siguiera.

No lo pensé ni un segundo. Cogí a Toby en brazos y nos escapamos sin que nadie se diera cuenta. Íbamos rápidos, pero sin correr, para no llamar la atención.

El chico, que debía de tener más o menos mi edad, me preguntó:

— ¿Cómo te llamas?

— Isabel. ¿Y tú?

— Rafael.

— Casi cae en verso.

— Sí.

Desde ese momento se convirtió en otra persona. No es que hablara mucho, pero lo que decía lo decía fuerte y seguido, como el señor aficionado a mandar. Qué cosas. Lo que puede cambiar la gente de golpe...

Dejé a Toby en el suelo. Pesaba y, además, estaba enfadada con él por haberme metido en ese jaleo.

Anduvimos un buen rato. Yo no reconocía los lugares por donde pasábamos. Claro, que llevaba poco tiempo viviendo en el barrio.

—Estamos dando muchas vueltas —dije.

—Mejor. Así los despistamos.

—¿A quién tenemos que despistar?

—A los que nos persiguen.

Otra sorpresa. Pregunté:

—¿Tú crees que nos persiguen?

Rafael se metió las manos en los bolsillos del pantalón. Hacía fresco y su camiseta tenía demasiados agujeros.

—Seguro. A estas horas la policía sabe que nos hemos escapado y nos estará buscando.

Me acordé de una historia que venía en una revista de «Intriga. Misterio. Terror» que a mamá no le gusta que lea. Se titulaba *Fugitivos de la justicia*. Quizá ahora, a nosotros, nos llamaran también así.

Rafael se paró en una esquina para ver el nombre de la calle. Hasta con las gafas le costaba mucho. Fruncía los ojos para fijarse mejor.

—Ésta tampoco es —dije de mal humor.

—No te preocupes. La encontraremos.

Hablaba tan seguro que me tranquilizó, pero pasó otra media hora y no llegábamos a casa.

Por la acera de enfrente caminaba una pareja de guardias.

—¿Por qué no les preguntamos a ellos?

Rafael me cogió de un brazo y me arrastró hasta un portal.

—¡Ni se te ocurra!

—¿También estarán enterados de lo de Toby?

—Todos, ya te lo he dicho. Más vale que no nos vean.

Nos quedamos pegados a la puerta de la casa, sujetando bien a Toby. Él fue el primero en notar el olor tan bueno que salía de allí y se puso a rascar con furia. Tenía hambre.

Para que se estuviera quieto, saqué del bolsillo las palomitas de maíz que habían sobrado y le di una. A Rafael, un puñadito. Volvió a menear la cabeza.

—No. Para ti.

Me las comí de buena gana. Cuando se acabaron, Toby volvió a rascar la puerta y esta vez, además, ladrando.

—¡Mándale que se calle! —protestó Rafael—. Nos va a descubrir.

Me asomé un poco. Los policías seguían allí, hablando con un taxista. Los ladridos de Toby no les llamaban la atención.

Pero sí debieron intrigar a alguien que vivía en la casa, porque oímos acercarse unos pasos y la puerta se abrió. Nos quedamos de piedra. Sobre un fondo oscuro se veía una cara espantosa. Verde, con colmillos de vampiro, cuernos de demonio y melena rojiza. Más abajo, en una mano normal, brillaba algo largo y afilado: un cuchillo.

Una voz sorda dijo:

—¿Queréis pasar?

Lo que queríamos era salir pitando. Al menos yo, porque Toby se coló por la puerta entreabierta en busca de aquello que olía tan bien. Además, los guardias cruzaban la calle y venían hacia nosotros.

Rafael, sin dejarme pensarlo, me cogió otra vez del brazo y me obligó a entrar en la casa. Si salíamos de aquel follón, tendría que hablarle en serio.

Aclararle que no me gusta que me manden y, menos, que tomen decisiones por mí.

La voz ahogada de la cara verde dijo:

—Estaba haciendo una tortilla de patatas.

Me quedé algo más tranquila, aunque, bien mirado, hasta a los monstruos les debe de gustar la tortilla de patatas.

El personaje misterioso avanzó por el pasillo oscuro hasta llegar a una habitación que tenía aspecto de comedor, cocina, dormitorio y taller, todo junto. Sobre una mesa y por el suelo vimos tarros de cola y pintura, montones de periódicos, trapos, pinceles y muchas cosas más.

De pronto, Rafael se puso delante de mí, como para defenderme. Y se me pasó un poco el enfado. Acababa de notar que el hombre levantaba la mano que sostenía el cuchillo, quién sabe con qué horribles intenciones.

No había que preocuparse. Al menos, todavía. Lo único que hizo el tipo raro fue cortar rebanadas de pan.

—Si os apetece un poco de tortilla... Ya la voy a cuajar —recordó algo y se llevó una mano a la cara—. ¡Oh! No me daba cuenta de que os estaba hablando con la careta puesta.

Se la quitó y la dejó junto a la sartén, con peligro de que se quemara la gran melena rojiza.

—Yo mismo las hago y las vendo —siguió explicando mientras batía los huevos—. Antes me las pruebo para ver qué tal quedan. Éste es un modelo nuevo. Fantasía sobre Drácula, hombre lobo y reptil. ¿Os parece bastante asquerosa? —preguntó ilusionado.

—Asquerosa de lo más —contesté, para que se quedara contento.

Tenía una cara simpática: ojos pequeños y juntos, nariz en forma de porra y la cabeza calva del todo, sin un solo pelo. Nos dijo que se llamaba Ricardo y que las caretas las hacía con una pasta de papel, harina y no sé qué otra cosa. No le prestaba mucha atención. Se me hacía la boca agua mirando la tortilla.

Ricardo nos dio un trozo encima de una rebanada de pan. A Toby se lo puso en el suelo, sin el pan. Buena idea, por que no se lo hubiera comido. Es así de señorito.

Allí se estaba bien, la tortilla era riquísima y, al mismo tiempo, esperábamos a que los policías se marcharan.

—¿Y vendes muchas caretas? —pregunté queriendo ser amable.

Se limpió los labios con una servilleta de papel antes de contestar.

—No, porque tampoco hago muchas. No necesito más para vivir. Como vivo solo...

—¿No tienes familia?

—Mi mujer murió hace seis meses. Ya no me queda nadie.

Se quedó callado, con el vaso de vino que iba a llevarse a la boca a medio camino. Miraba la fotografía colgada en la pared en que estaba él, joven, con mucho pelo oscuro y rizado, al lado de una muchacha gordita de ojos alegres.

—Ella sí que hacía unas caretas preciosas. Inventó una que tuvo mucho éxito en colegios y fiestas infantiles.

Se levantó y fue a buscarla al armario. Era una cara de niña, con coletas de lana amarilla y gorro colorado. En un moflete tenía un lunar.

— Caperucita Roja —dije.

— Claro.

Rafael le echó una mirada desdeñosa. A él le gustaba más otra que estaba sobre la mesa de trabajo y que representaba un gorila de expresión feroz.

Ricardo nos acercó un plato de fresones gordísimos y un azucarero. Cogí uno, le quité el rabo y lo rebocé en azúcar. Rafael hizo lo mismo y, mientras Ricardo y yo seguíamos hablando, no paró de comer fresones. Parecía que los probara por primera vez.

Ricardo sostenía la careta de Caperucita entre las dos manos, con mucho cuidado.

—Ésta es la última que ella hizo. Ya no estaba bien. Le temblaban las manos al trenzar las coletas. Decía: «La próxima tendrás que hacerla tú». Pero yo no sé hacer trenzas.

—Es fácil.

—No —dijo él, cambiando de tono—. Prefiero los monstruos. Dan más risa.

Miré el reloj. Era tardísimo.

—Tendríamos que irnos —dije a Rafael, que se chupaba un dedo después de meterlo en el azúcar.

Los dos nos acercamos a la ventana donde se veía la calle. Los policías seguían allí, y quién sabe hasta cuándo.

Ricardo notó que algo nos preocupaba, y se lo contamos. Era buena persona. No nos iba a traicionar.

Al fin dijo, pensativo:

—La calle que ibais buscando, donde está tu casa, cae aquí cerca, nada más volver la esquina. Seguro que habéis pasado al lado sin daros cuenta.

Rafael miró para otro lado, haciéndose el desentendido.

—La cuestión es... ¿estáis seguros de que la policía os busca?

—Seguros —afirmó Rafael subiéndose las gafas con el dedo.

—Pues entonces os conviene salir sin que os reconozcan. Y en mi casa, eso es fácil.

Me puso la careta de Caperucita Roja, que aún tenía en las manos, sujetándola detrás de mi cabeza con una goma. Luego fue en busca de la que había dejado junto a la sartén.

—Si es lo mismo —dijo Rafael—, me gusta más la del gorila.

—¿Ah, sí? Mira que la fantasía Drácula, reptil y hombre lobo va a tener mucha aceptación. Y te la puedes quedar.

—¿De veras? —dijo Rafael, contento.

—Sí.

Señalé la mía.

—¿Ésta también?

Ricardo dudó un momento. A lo mejor se arrepentía de habérmela enseñado. Luego se acercó y estiró una de las coletas que estaba un poco encogida.

—Ésta también.

El gorila, Caperucita Roja y Toby se despidieron de él y salieron a la calle. Los dos policías, que los vieron pasar, se rieron. Uno de ellos comentó:

—Todo el año es carnaval.

No podían imaginarse que tres fugitivos de la justicia se escabullían en sus propias narices.

Era cierto que mi calle caía ahí cerquita; pero no dije nada para no ofender a Rafael. Después de todo, si no hubiera sido por él, quizá yo estaría en la comisaría y Toby en manos de los laceros. Era valiente. Nos había salvado.

Subimos a casa. Mamá no estaba. Casi mejor. Al ver a mi amigo hubiera pensado que era de esos chicos que dicen palabrotas sin parar.

Rafael observaba la bicicleta que estaba apoyada en la pared, a la entrada de mi cuarto. Es lo último que me mandó papá de Alemania. A cada rato me manda regalos, aunque no sea Navidad ni mi cumpleaños. Cajas de pinturas de verdad, un ordenador, patines para hielo y de los otros, con ruedas, una muñeca y su baúl lleno de trajes, una cazadora de piel que no puedo usar porque me está pequeña. Como no me ve, no sabe que ya no juego con muñecas y que he crecido bastante.

Él miraba todo eso sin decir nada, con los ojos

muy abiertos. Luego se asomó a la ventana. Desde ahí arriba se ve la coronilla de la gente que pasa. Un día vino Alberto de visita, aquel de *La canción del pirata,* y se puso a escupir para ver si le acertaba a alguien en la cabeza. No acertó. Menos mal. Y tampoco volvió porque su barrio queda muy lejos del mío.

A Rafael no le dio por ahí. Lo que hizo fue quitarse las gafas y balancearlas en un dedo, sobre la calle.

Me asusté.

—Ten cuidado. Lo mismo se te caen. Él se encogió de hombros.

—¿Y qué? Mi padre también es rico. Tenemos una casa con piscina, caballos y árboles de fresones.

No estaba segura, pero me parecía que los fresones no crecen en árboles.

—Si quiero, las tiro —dijo, haciendo bailar las gafas en la punta de un dedo.

—¿Y qué van a decir tus padres?

—Nada. ¿No te digo que somos ricos? Me compran otras y listo.

Pensé que estaba de broma. Que no se atrevería; pero él era capaz de todo.

Tiró sus gafas. Así mismo: las tiró. No oímos el ruido porque cayeron desde un quinto piso, pero yo veía brillar la montura de metal en la acera donde se habían estrellado.

Rafael, no. Aunque fruncía mucho los ojos, no veía casi nada; pero parecía satisfecho.

Buscando la puerta para marcharse, tropezó con

la bicicleta y por poco tira el tiesto con el ficus de mamá.

—Bueno, hasta otra —dijo.

Cuando se fue, volví a mirar por la ventana. Poco después apareció en la calle. El viento le alborotaba todavía más el pelo. Al llegar junto a las gafas se paró. Pensé: «Las va a recoger». Y no. Lo que hizo fue meterse una zapatilla que se le salía a cada momento. Luego, con las manos en los bolsillos, dobló la esquina.

NO ME HABIAN ENGAÑADO. La puesta de sol no podía ser más perfecta. Lo inundaba todo con un repertorio inacabable de colores recién creados.

Isabel dejó caer el último chorrito de tierra mezclada con arena, se sentó y tomó un dátil. También era el último.

—¿Fuiste tú a buscar las gafas?

—Sí. No quería que nadie las pisara.

—¿Y Rafael?

—No lo he vuelto a ver.

—¿Te hubiera gustado?

—Sí. Nunca he conocido a nadie como él —hizo una pausa y añadió—: Además, tengo que darle la careta del gorila. Se la dejó en casa.

Isabel recogió las cartas que estaban en el suelo para meterlas en la caja. Era hora de irse.

—Yo que tú la leía —dije, señalando la que aún seguía cerrada.

Inclinó la cabeza, indecisa, y finalmente me hizo caso. Rasgó el sobre con un dedo y leyó. Luego dijo, intentando contener un acento de sorpresa y alegría:

—Papá viene el veintisiete. ¿Cuándo es?

—¿Veintisiete? Mañana.

Se puso en pie de un salto.

—Hay que arreglarle el cuarto. Apenas queda tiempo.

Dio unos pasos, nerviosa, y se detuvo para murmurar:

—Claro, que lo mismo no viene. No sería la primera vez.

Contesté sin darle importancia:

—Bueno, pero por si acaso...

Vi una sonrisa pequeña en su boca, grande en sus ojos.

—Eso. Por si acaso.

Isabel se sacó de la boca el hueso del último dátil y alargó el brazo para echarlo en el agujerito donde estaban los otros; pero lo pensó mejor y, dirigiéndome una mirada cómplice, lo guardó en la caja, con los demás secretos.

Índice